Ferdinand Holthausen

Die Soester Mundar

Laut- und Formenlehre, nebst Texten

Ferdinand Holthausen

Die Soester Mundar
Laut- und Formenlehre, nebst Texten

ISBN/EAN: 9783743639867

Hergestellt in Europa, USA, Kanada, Australien, Japan

Cover: Foto ©ninafisch / pixelio.de

Weitere Bücher finden Sie auf **www.hansebooks.com**

FORSCHUNGEN.

HERAUSGEGEBEN

VOM

VEREIN

FÜR

NIEDERDEUTSCHE SPRACHFORSCHUNG.

BAND I.

NORDEN UND LEIPZIG.
DIEDRICH SOLTAU'S VERLAG.
1886.

DIE
SOESTER MUNDART.

LAUT- UND FORMENLEHRE

NEBST TEXTEN

VON

D̄ᴿ FERDINAND HOLTHAUSEN,
DOCENT AN DER UNIVERSITÄT HEIDELBERG.

GEDRUCKT MIT UNTERSTÜTZUNG DER GERMANISTISCHEN SECTION DES VEREINS
FÜR KUNST UND WISSENSCHAFT IN HAMBURG.

NORDEN UND LEIPZIG.
DIEDRICH SOLTAU'S VERLAG.
1886.

MEINEN ELTERN.

Vorwort.

An eine dialektgrammatik werden heutzutage seitens der phonetik, der historisch-vergleichenden sprachforschung und der principienwissenschaft mit recht hohe anforderungen gestellt. Der phonetiker erwartet darin neues empirisches material, eine genaue beschreibung und gute schriftliche widergabe aller vorkommenden laute und lautverbindungen, der sprachforscher reichlichen gewinn für die grammatik der älteren sprachstufen, der sprachphilosoph endlich eine bestätigung oder berichtigung seiner aufstellungen.

Was zunächst den ersten punkt anbelangt, so habe ich mich bemüht, die in meiner mundart vorhandenen phonetischen verhältnisse durch beschreibung der artikulation und, wo es nötig oder wünschenswert schien, auch der akustischen wirkung weiteren kreisen zu verdeutlichen. Drei besonders interessante vokale[1]), die herr Dr Techmer in Leipzig mit mir zu untersuchen die güte hatte, sind bereits in dessen abhandlung „Naturwissenschaftliche analyse und synthese der hörbaren sprache" Internat. Zeitschr. f. allgem. sprachwissensch. Bd. I, Leipzig 1884, s. 67 ff. (siehe besonders s. 178 f. und s. 183) erwähnt worden. Ich glaubte mich übrigens in dem phonetischen teile meines buches ziemlich kurz fassen zu dürfen, da ja die jedem zugänglichen werke von Sievers (Grundzüge der Phonetik³ Leipzig 1885) und Vietor (Elemente der Phonetik etc. Heilbronn 1884) alles weitere ausführlich behandeln. Bei der wahl der typen musste ich einerseits auf den vorrat der druckerei, andererseits auf die in meiner früheren abhandlung über die Remscheider mundart (Paul-Braunes Beitr. X) befolgte transcription rücksicht nehmen. Ich hoffe durch die angewante bezeichnung, welche sich der von den meisten phonetikern und dialektforschern bisher gebrauchten so weit wie möglich anschliesst, sowol eine gut lesbare, wie hinlänglich genaue lautschrift getroffen zu haben.

---

¹) Bei mir als ƒ, ᵩ und ᵨ bezeichnet.

Leider lässt sich ja fürs erste auf diesem gebiete noch keine einhelligkeit erwarten.

Die verwertung des Soester dialektes für die aufhellung der älteren sprachstufen (eventuell auch der übrigen germanischen sprachen) habe ich mir besonders angelegen sein lassen. Es wird noch eine reihe ähnlicher arbeiten nötig sein, ehe wir über den lautwert der mittelniederdeutschen schriftsprache genügende klarheit erhalten, aber man kann bereits aus dem vorliegenden werke sehen, wie viel sich schon aus der sorgfältigen historischen behandlung eines dialektes gewinnen lässt. Ich mache besonders auf die für den umlaut im mnd. gewonnenen resultate aufmerksam: das angelsächsische und altnordische waren also z. b., wie ich (vgl. unten § 71 und 72) festgestellt zu haben glaube, nicht die einzigen germanischen sprachen, die den i-umlaut von urgerm. *ai* entwickelten. Aus der besprechung von engl. *dry* und *smooth* oder niederländisch *droog* (vgl. den index) wird man ermessen, wie viel licht eine volksmundart auch noch auf fernerstehende verwante werfen kann.

In bezug auf die erklärung der einzelnen laute und formen habe ich überall streng zwischen lautgesetzlicher entwicklung und analogischer neubildung zu trennen gesucht, was aus mehreren gründen nicht immer leicht war. Einmal fehlen uns nämlich für unsere mundart vom ende des 16. jahrhunderts an schriftliche denkmäler, so dass alle in einer zeit von 300 jahren vorgegangenen veränderungen der sprache nur durch kombinationen zu erschliessen sind; andererseits ist die entwicklung der älteren einfachen verhältnisse, besonders bei den vokalen, eine so üppige gewesen, dass eine scheidung in vielen fällen genug schwierigkeit bot. Um einen klaren überblick über das verhältnis der modernen vokale und diphthonge zu denen der mnd. schriftsprache zu ermöglichen, habe ich deshalb auf s. 51 ff. eine knappe tabelle mit je einem beispiel und paragraphen-verweisungen gegeben.

Ueber die einrichtung des buches ist noch zu bemerken, dass in der lautlehre gewöhnlich nur dann die zur veranschaulichung der etymologischen herleitung beigefügten entsprechungen aus andern germ. sprachen und dialekten ausgelassen wurden, wenn sich die erklärung entweder aus dem neuhochdeutschen ergab, oder wenn mir überhaupt keine ältere form bekannt war. Erschöpfende belege für die einzelnen lautgesetze zu geben lag weder in meiner absicht noch in meinen kräften. Relative vollständigkeit wurde nur bei selteneren und besonders interessanten fällen angestrebt, während ich im übrigen aus meinen reichhaltigen sammlungen derart die auswahl traf, dass weniger bekannte und im hochdeutschen nicht vorkommende wörter in erster linie berücksichtigung fanden. Solche, die irgendwie grammatisch oder etymologisch wertvoll schienen, wurden selbstverständlich niemals bei seite gelassen. Ihre auffindung soll der index erleichtern.

In der formenlehre habe ich das verbum, dessen altertümlichkeit und ausbildung neben dem vokalismus der glanzpunkt unserer mundart ist, besonders ausführlich und genau behandelt. Die deklination, vorzüglich die der substantiva, konnte dagegen viel kürzer abgetan werden, weil hier nur verhältnismässig wenig ursprüngliches bewahrt ist und auch fortwährend ein starkes schwanken herrscht, das zu immer grösserer vereinfachung und einförmigkeit in der formenbildung hindrängt.

Das in der vorliegenden darstellung verarbeitete material war mir teils aus eigener kenntnis der mundart geläufig, teils beruht es auf vervollständigung und ergänzung, die ich aus mehrjährigen aufzeichnungen und sammlungen von der redeweise verschiedener personen von verschiedenen altersstufen und ständen schöpfen konnte. Natürlich habe ich alles mir zugängliche gedruckte material, sei es in dialektdichtungen, sei es in grammatischen arbeiten und wörterbüchern der verwanten ndd. mundarten, fleissig benutzt. Besonders Woestes westfälisches wörterbuch ist mir dabei von grossem nutzen gewesen. Dass ich auch darstellungen entfernterer dialakte herangezogen habe, wird man hin und wider aus den citaten ersehen.

Nächst meiner mutter, die nicht müde wurde, mir aus ihrer vorzüglichen kenntnis der mundart heraus stets belehrungen und berichtigungen zu geben, sogar unter dem volke bei jeder gelegenheit zu sammeln, und die an dem zustandekommen dieses buches den grössten anteil genommen hat, bin ich noch herrn lehrer Schneider und kreisschulinspektor Dr Buddeberg aus Lohne besonderen dank schuldig. Dieselben erleichterten mir vornehmlich den verkehr mit den landleuten und ihrer beihülfe habe ich auch die erwerbung der meisten lieder und sprüche, die in den beigefügten texten stehen, zum grössten teile zu verdanken. Die stadt lieferte mir dafür nur wenig und wenn ich auf den dörfern mehr gefunden hätte, als mir aufzutreiben glückte, würde ich auch einige weniger ästhetische stücke gern ausgelassen haben. So möge der mangel an besseren ihre mitteilung entschuldigen.

Ebenso kann ich nicht schliessen, ohne meinen verehrten lehrern, den herren Prof. Sievers in Tübingen, Dr Techmer in Leipzig und Prof. Osthoff in Heidelberg für mannichfache förderung und hülfe meinen dank auszusprechen. Die beiden ersteren haben mich während meiner studienzeit durch vielfache belehrung und anregung sowie durch darleihung von dialektarbeiten bei meinem unternehmen unterstützt, letzterer hat mir noch kurz vor der drucklegung besonders für den vokalismus[1]) manche dankenswerte winke gegeben.

Die berichtigungen und nachträge, die sich während des ziemlich lange dauernden druckes ergaben, bitte ich den geneigten leser vor dem gebrauche des buches einzutragen. Die schwierigkeit des satzes wird einige versehen bei der korrektur in den augen der kundigen entschuldigen.

Der Verein für niederdeutsche sprachforschung hat dieses buch der ehre gewürdigt, den ersten band einer neuen serie „Forschungen" zu bilden. Möge es derselben nicht unwürdig erscheinen und besonders recht zahlreiche und baldige nachfolge erwecken, damit, ehe es zu spät ist, die kostbaren schätze, welche unsere volksmundarten noch bergen, von berufenen händen gehoben und der wissenschaftlichen erforschung unserer muttersprache zugänglich gemacht werden!

Heidelberg, an V. v. Scheffels 60. geburtstage (16. Febr. 1886).

F. Holthausen.

---

[1]) Die ersten 33 seiten dieses buches wurden als „Vocalismus der Soester mundart" im sommer vorigen jahres bei der philosophischen facultät der universität Heidelberg als habilitationsschrift zur erwerbung der venia legendi eingereicht.

Inhaltsverzeichnis.

	Seite
Einleitung. Grenzen und sphäre der mundart. § 1—2	1
Erstes buch. Phonetik § 3—43	2
Erster abschnitt. Allgemeines § 3—14	2
I. Die artikulationsbasis § 3	2
II. Betonung und tonhöhe § 4—5	2
III. Dauer § 6—7	3
IV. Ein- und absatz § 8—11	3
V. Fortis und lenis § 12	4
VI. Die silbe § 13	4
VII. Kombinationen § 14	4
Zweiter abschnitt. Lautlehre § 15—42	5
I. Die vokale § 15—29	5
1. Die einzelnen vokale § 15—26	5
2. Vokalverbindungen § 27—29	7
II. Die konsonanten § 30—40	7
Uebersicht der in der Soester mundart vorkommenden laute § 41	9
Anhang. Beispiele zu den §§ 16—29 (§ 42)	10
Dritter Abschnitt. Accent § 43	10
Zweites buch. Lautlehre. § 44—243	11
Erster hauptteil. Das wort im status absolutus § 44—203	11
Erster abschnitt. Vokalismus § 46—141	11
I. Die stimmhaften vokale § 50—140	13
1. Die vokale der stammsilben § 50—133	13
A. Die regelmässigen entsprechungen § 50—83	13
α) Die kurzen vokale § 50—56	13
β) Die tonlangen vokale § 57—66	16
γ) Die langen vokale § 67—79	19
δ) Die diphthonge § 80—83	23
B. Veränderungen durch den einfluss eines folgenden r. § 84—98	23
α) Die kurzen vokale § 85—91	23
β) Die langen vokale § 92—98	27
C. Dehnungen § 99—111	28
I. Vor χ und v § 99—102	28
II. Dehnung durch ausfall eines intervokalischen d § 103—111	29
D. Kürzungen § 112—133	31
I. Vor doppelkonsonanz und fortis § 112—123	31
II. Kürzung durch entwicklung eines χ fortis § 124—133	33
2. Die vokale der mittel- und endsilben § 134—140	35
A. Kürzungen § 135	35
B. Qualitätsveränderungen § 136	35

	Seite
C. Synkope § 137—138	36
D. Apokope § 139—140	36
II. Die stimmlosen vokale § 141	37

Zweiter abschnitt. Konsonantismus § 142—203 37
  A. Die regelmässigen entsprechungen § 144—195. . . 37
    α) Die labialen § 144—158 37
    β) Die dentalen § 159—180 39
    γ) Die palatalen § 181—182 43
    δ) Die gutturalen § 183—194 43
  B. Hinzufügung von konsonanten § 195—202 . . . 45
    I. Vorsetzung § 195—196 45
    II. Einschiebung § 197—200 45
    III. Anhängung § 201—202 46
  C. Metathesis § 203 46

Zweiter hauptteil. Das wort als teil des satzes § 204—222 . . . 46
  A. Satzdoppelformen § 205—218 46
    α) Die langen vokale § 205—212 47
    β) Die kurzen vokale § 213—218 47
  B. Sandhi-erscheinungen § 219—222 48
    I. Vokalausstossung § 220 49
    II. Assimilation § 221—222 49

Dritter hauptteil. § 223—243 50

Erster abschnitt. Historische übersicht des vokalismus der Soester mundart vom standpunkte des lebenden dialektes aus § 223—233 50
  A. Lautgesetzliche entwicklung § 224—229 51
    I. Stammsilben § 224—227 51
      1. Einfache vokale § 224—225 51
      2. Diphthonge § 226—227 53
    II. Nebensilben § 228—229 55
      1. Einfache vokale § 228 55
      2. Diphthonge § 229 55
  B. Analogiebildungen § 230—233 55
    1. Einfache vokale § 230—231 55
    2. Diphthonge § 232—233 56

Zweiter abschnitt. Die fremdwörter in der Soester mundart; „missingsch". § 234—243 56
  A. Vokalismus § 235—241 57
  B. Konsonantismus § 242—243 58

Drittes buch. Formenlehre § 244—405 . . . 58

Erster hauptteil. Konjugation § 244—371 58

Erster abschnitt. Starke verba § 245—323 58
  I. Die endungen § 245—256 58
  II. Flexion § 257—323 60
    A. Ablautende verba § 258—311 60
      I. Ablautsreihe § 258—265 60
      II. Ablautsreihe § 266—276 62
      III. Ablautsreihe § 277—288 64
      IV. Ablautsreihe § 289—294 66
      V. Ablautsreihe § 295—303 68
      VI. Ablautsreihe § 304—306 69
      VII. Mischklasse § 307—311 70
    B. Reduplicierende verba § 312—319 71
    C. Verba auf -mi § 320—323 73

Zweiter abschnitt. Schwache verba § 324—362 73
  A. Erste klasse § 325—334 73
    I. Die endungen § 325—328 73
    II. Flexion § 329—334 74

	Seite
B. Zweite klasse § 335—362	75
I. Die endungen § 335—337	75
II. Flexion § 338—362	76
1. Verba mit kurzem vokal im prät. und ptcp. § 340—359	77
a) Verba mit *t* und *d* im wurzelauslaut; prät.-endung: -*da* § 340—348	77
α) Ohne veränderung der vokalqualität § 340—341	77
β) Mit veränderung der vokalqualität § 342—348	77
b) Verba welche nicht auf *t* oder *d* ausgehn; prät.-endung -*ta* § 349—359	78
α) Ohne veränderung des anlautenden konsonanten § 349—352	78
β) Mit veränderung des auslautenden konsonanten § 353—359	79
2. Verba mit diphthong im prät. und ptcp. § 360—362	80
Dritter abschnitt. Teils stark, teils schwach flektirende verba § 363—371	80
A. Präterito-präsentia § 363—370	80
B. Das verbum wollen § 371	81
Zweiter haupttell. Deklination § 372—405	82
Erster abschnitt. Substantiva § 372—385	82
A. Starke deklination § 376—382	83
I. Masculina und neutra § 376—381	83
II. Feminina § 382	84
B. Schwache deklination § 383—384	85
I. Masculina und neutra § 383	85
II. Feminina § 384	85
C. Gemischte deklination § 385	85
Zweiter abschnitt. Adjectiva § 386—394	85
I. Flexion § 386—389	85
A. Starke deklination § 386—388	85
B. Schwache deklination § 389	87
II. Steigerung § 390—394	87
Dritter abschnitt. Zahlwörter § 395—396	88
I. Cardinalzahlen § 395	88
II. Ordinalzahlen § 396	89
Vierter abschnitt. Pronomina § 397—404	89
I. Persönliche § 397—398	89
II. Possessiva § 399	90
III. Demonstrativa § 400—401	90
IV. Interrogativa § 402—403	91
V. Indefinita § 404	91
Fünfter abschnitt. Präpositionen § 405	92
Anhang. Die hauptabweichungen der nachbardialekte § 406—407	93
Texte	97
Uebersetzung nebst anmerkungen zu den texten	105
Nachträge und berichtigungen	112
Index	114

Verzeichnis der gebrauchten abkürzungen.

acc. = accusativ.
ags. = angelsächsisch.
ahd. = althochdeutsch.
afries. = altfriesisch.
an., altn., anord. = altnordisch.
and. = altniederdeutsch.
anl. = altniederländisch.
Beitr. = Beiträge zur geschichte der deutschen sprache und lit., herausg. von Paul und Braune, Halle.
dän. = dänisch.
dat. = dativ.
e. = englisch.
f. = femininum.
g., got. = gotisch.
gen. = genitiv.
germ. = germanisch.
imp. = imperativ.
ind. = indicativ.
inf. = infinitiv.
K. Z. = Zeitschrift für vergl. sprachforschung, herausg. von Kuhn.
lat. = lateinisch.
lit. = litauisch.
m. = masculinum.
md. = mitteldeutsch.
mfrk. = mittelfränkisch.
mhd. = mittelhochdeutsch.
mnd. = mittelniederdeutsch.
mnl. = mittelniederländisch.
n. = neutrum.
nd. = niederdeutsch.
nl. = niederländisch.
nom. = nominativ.
oberd. = oberdeutsch.
opt. = optativ.
präs. = präsens.
prät. = präteritum.
ptcp. = participium.
schwed. = schwedisch.
st. = stark.
sth. = stimmhaft.
stl. = stimmlos.
sw. = schwach.
tl. = tonlang.
urgerm. = urgermanisch.
v. = verbum.
wgerm. = westgermanisch.
westf. = westfälisch.
Woeste = Woestes Wörterbuch der westfälischen mundart, Norden und Leipzig 1882.

Laut- und formenlehre.

Einleitung.

Grenzen und sphäre der mundart.

§ 1. Die im folgenden dargestellte mundart ist die in der stadt, der „börde" und dem kreise Soest gesprochene und gehört zunächst zu der östlichen gruppe der niederdeutschen westfälischen dialekte.[1]) Am nächsten stehen ihr die benachbarten mundarten des Süderlandes (fälschlich meist „Sauerlandes") und der Paderborner gegend. Ihre nördliche grenze bildet die Lippe, ihre südliche die Ruhr, im westen kann ungefähr eine linie von Neheim über Werl bis zur Lippe, im osten eine solche von Lippstadt über Rüthen bis Meschede als scheide angenommen werden. Natürlich ist eine solche begrenzung nur dann zu rechtfertigen, wenn man die summe aller eigentümlichkeiten der mundarten ins auge fasst; denn (wie Wenkers neuer sprachatlas so deutlich bezeugt) es gibt keine festen dialektgrenzen, sondern nur stets ineinandergreifende kreise von besonderen lautlichen, formellen oder lexicalischen erscheinungen. Und selbst in diesem so begrenzten gebiete ist die angenommene gleichheit und einheit nur eine ideelle, indem jedes dorf, jeder stand, jedes alter, ja schliesslich jede einzelne person ihren specifischen sprachtypus aufweist. Jedoch sind diese abweichungen im vergleich zu den eigentümlichen benachbarter sprachgebiete und dialektcentren so geringe, dass sie die zusammenfassung der in den oben angegebenen grenzen gesprochenen mundart als einer einheitlichen erlauben.

Zunächst ist meiner darstellung die stadtmundart zu grunde gelegt; ich werde jedoch die eigentümlichkeiten, die ich auf einigen benachbarten dörfern kennen zu lernen gelegenheit hatte, an einem besonderen orte zusammenstellen.

§ 2. Gut und rein wird das plattdeutsche in der stadt nur noch von den unteren ständen und den älteren leuten des mittelstandes gesprochen. Durch die schule, das militär, die industrie und den eisenbahnverkehr dringt das hochdeutsche immer mächtiger ein und wird die sprache der väter in nicht allzu ferner zeit sicher verdrängt haben. Viele kinder lernen gar nicht mehr oder nur höchst mangelhaft niederdeutsch reden, viele leute verstehen wol platt, sprechen es aber selbst niemals. Bei den meisten ist die alte muttersprache in

---
[1]) Vgl. Jellinghaus, Zur einteilung der niederdeutschen mundarten, § 7; Westf. gr. § 1—3.

eine ganz unverdiente verachtung gefallen und sogar die wolhabenderen, öfter in der stadt verkehrenden landlente wollen hochdeutsch angeredet sein und antworten auch so, obgleich sie daheim auf ihren höfen und „kümpen" noch unverfälscht die ererbte zunge reden. Das dafür eingeführte hochdeutsch wird natürlich ganz mit niederdeutscher artikulationsbasis und mit vielen mundartlichen eigenheiten gesprochen — bekannt ist ja weithin das westfälische „sch" und „g" —, auch formell und syntaktisch stark durch die ndd. grammatik beeinflusst. Ndd. formen werden mit den notwendigen veränderungen ins hochdeutsche übertragen und umgekehrt; von so entstandenen „missingschen" formen soll am schlusse dieser darstellung ein verzeichnis folgen.

Erstes buch.
Phonetik.

Erster abschnitt.
Allgemeines.

I. Die articulationsbasis.[1]

§ 3. Die articulationsbasis oder indifferenzlage der Soester mundart ist die allgemein norddeutsche: zurückziehung und verbreiterung der zunge ist das charakteristische derselben. Die kehlkopftätigkeit ist eine energische, dagegen die der zunge schlaff und langsam. Diese letztere eigentümlichkeit erklärt genügend einesteils das schwinden des d zwischen vocalen und liquiden, sowie des intervocalischen v und z auf den dörfern, anderteils die ungemein reiche entfaltung von diphthongen aus älteren einfachen vocallängen. Die mundbewegung ist mittelstark, bemerkenswert dabei ist eine deutliche neigung zum breitziehen.

II. Betonung und tonhöhe.

§ 4. Das prinzip der stammsilbenbetonung, das characteristicum der germanischen sprachfamilie, hat bei der stärke des exspiratorischen haupttones gegenüber dem nebenton, in noch weit höherem masse als im nhd. die formenbildung beeinflusst. Daher so viele verkürzungen und schwächungen einzelner silben im worte, so viele satzdoppelformen, contractionen, pro- und enclitica.

§ 5. Im gegensatz hierzu spielt der musikalische accent in unserer mundart nur eine geringe rolle, denn sie erscheint mit den bergischen und rheinländischen dialekten verglichen ziemlich monoton. Der durch-

---

[1] Vgl. über diesen begriff Sievers, Phonetik s. 16 f.

gängige grundton, besonders wie er sich in der redeweise der unteren stände bemerkbar macht, liegt entschieden höher als der in der nhd. bühnensprache übliche. Leider fehlt mir zu genauen angaben und aufzeichnungen die notwendige feinere musikalische ausbildung.

III. Dauer.

§ 6. Wie im nhd. unterscheiden wir vier dauergrade bei den vocalen, zwei bei den consonanten. Jene sind
1. überkurz, beispiel: *e* in *sünde*,
2. kurz, „ *u* in *hass*,
3. lang, „ *u* in *schule*,
4. überlang, „ *u* in *schuh*.

Da die scheidung der langen und überlangen vocale sich nach demselben gesetz wie im nhd. regelt,[1]) so war nur eine unterscheidung von länge, kürze und überkürze notwendig. Erstere wird durch einen übergesetzten strich (ā), die zweite gar nicht, letztere teils durch besondere zeichen (vgl. § 26), teils durch ˘ (vgl. § 28) bezeichnet.

§ 7. Die consonanten sind meistens kurz, jedoch kommt gelegentlich eine längere dauer des verschlusses oder der engenbildung vor. Wenn nämlich im satze der anlaut eines wortes mit dem auslaut des vorhergehenden von alters her oder durch assimilation gleich ist, so tritt dauer der articulationsstellung statt widerholung derselben ein, wie z. b. im hd. auf-finden, ab-bringen. Beim schnellen sprechen werden jedoch solche unterscheidungen nicht mehr beobachtet.

IV. Ein- und absatz.

§ 8. Wie dem französischen und englischen fehlt auch unserer mundart der kehlkopfverschlusslaut (spiritus lenis) gänzlich, mit welchem in der nhd. bühnenaussprache die vocalisch anlautenden wörter eingesetzt werden. Wir beginnen sofort mit stimme („leiser einsatz", „clear glottid, beginning") und binden daher im satze gleich mit den oben genannten sprachen stets den auslautenden consonanten mit dem anlautenden vocal des folgenden wortes. Da dasselbe bei unbefangener hd. rede geschieht, so lässt es sich auch an hd. beispielen klar machen. Wir sagen also: *hat-tes* = hat es, *wa-res* = war es, *la-sich* = las ich, *wei-sich* = weiss-ich (die beiden letzteren worte mit stimmhaftem *s*!) u. s. w.

§ 9. Die consonanten haben ebenfalls den „leisen einsatz", resp. offene kehlkopfstellung bei sprengung des verschlusses, sind also ganz rein und unaspirirt wie im romanischen und slavischen.

§ 10. Der absatz der consonanten und der kurzen betonten vocale ist dagegen gehaucht, bei ersteren besonders kräftig, wenn sie unmittelbar auf die tonsilbe folgen und fortes sind. Ich lasse es mit dieser allgemeinen erklärung genügen und bezeichne in der fol-

---

[1]) „Als normaldauer der längen nehme ich die der sog. langen vocale in mehrsilbigen deutschen wörtern wie *bote, kamen, lose*, als überlang bezeichne ich die vocale in einsilbigen worten wie *bot, bat, sass*, welche deutlich länger sind als die vocale der entsprechenden plurale *boten, baten, sassen*". Sievers, Phon. s. 161.

genden darstellung diesen gehauchten absatz nicht besonders; gewöhnlich wird er ja durch *h* ausgedrückt.

§ 11. Mit *h* bezeichne ich wie die modernen orthographien den gebrauchten einsatz der stimmlos anhebenden und dann stimmhaft werdenden vocale. Derselbe ist nicht ganz so stark wie im nhd., woher sich auch sein schwinden im wortinnern bei compositis und im satzzusammenhange erklärt.

V. Fortis und lenis.

§ 12. Sämmtliche consonanten können je nach der energie, mit welcher einerseits der exspirationsstoss, andererseits entweder die engenbildung oder der verschluss und dessen sprengung im ansatzrohr erfolgt, fortis oder lenis sein. Fortis ist jeder consonant unmittelbar nach betontem kurzen vocal, jeder andere lenis. Vgl. z. b. die beiden *n* in *hand* und *hahn*. Dies gilt nicht bloss für das einzelne wort, sondern auch für den ganzen satz; beispiele werden später dafür gegeben werden.

Die meisten modernen orthographien bezeichnen bekanntlich die fortis in der regel durch doppelschreibung, wie in *hass, alle*, wodurch bei vielen noch die unterscheidung von fortis, länge (wie im schwedischen und italienischen) und gemination erschwert oder gar unmöglich gemacht wird. Ich habe daher diese irreführende schreibweise aufgegeben und unterscheide fortis und lenis nicht graphisch, indem ihr vorkommen streng durch obiges gesetz geregelt wird. — Doppelschreibung bezeichnet in dieser darstellung stets doppelte aussprache, also *dann* = *dan-n* wie im entsprechenden uhd. tannen, wobei das zweite *n* silbenbildend steht.

VI. Die silbe.

§ 13. Für die silbenbildung und -trennung gelten sowol im einzelnen worte, wie im compositum und satzzusammenhange folgende drei gesetze:
1. Eine lenis zwischen zwei vocalen gehört stets zur folgenden silbe, eine fortis schliesst die erste und eröffnet die zweite, z. b. *au-sei-nander, af-fe, rat-te, bin-nich* (bin ich).
2. von zwei consonanten zwischen vocalen gehört der ersten zur ersten, der zweite zur zweiten silbe, z. b. *fin-de, bleib-tes* (bleibt es),
3. von drei consonanten zwischen zwei silben werden die beiden letzten nur dann zur zweiten silbe gezogen, wenn sie eine leicht sprechbare gruppe bilden, andernfalls bilden die beiden ersten den auslaut der ersten silbe, vgl. *wes-trand*, aber *west-falen*. Nach gleichem princip regelt sich die verteilung grösserer consonantengruppen wie in *kuns-trichter* oder *kun-strichter* gegen *kunst-voll*.

VII. Combinationen.

§ 14. Die mannichfachen veränderungen in der articulation der engen- und verschlussbildungen, welche beim zusammenstossen homorganer laute erfolgen, wie gaumensegelöffnung zwischen *t* und *n*, *p* und *m*, laterale plosion des dentalverschlusses vor *t*, sind wie im hd. und bedürfen als allgemein gültige phonetische tatsachen hier keiner näheren besprechung. Der einfachheit der schreibung zu liebe habe ich auch von einer bezeichnung dieser articulationen und der aus ihnen resultirenden geräusche abstand genommen.

Zweiter abschnitt.
Lautlehre.
I. Die vocale.
1. Die einzelnen vocale.

§ 15. Die vocale der Soester mundart werden nach der articulationsstellung in drei gruppen: hintere oder gutturale, mittlere oder guttural-palatale und endlich vordere oder palatale unterschieden, deren jede wider nach der lippenbeteiligung in die unterabteilungen der nicht-gerundeten und gerundeten zerfällt. Die vocale können ferner nach der energie der lippen- und zungenarticulation in geschlossene (narrow) und offene (wide) unterschieden werden, und zwar gilt das gesetz, dass jeder kurze vocal in geschlossener silbe[1]) offen, jeder lange dagegen geschlossen ist.

Wir führen nun die einzelnen vocale nach der oben gegebenen einteilung vor; beispiele, die wegen mancher erst später erklärter lautzeichen jetzt noch häufig unverständlich sein würden, sind in ausreichender anzahl unter § 42 zusammengestellt.

a) Gutturale.
I. Gerundete.
1. *u, ū.*

§ 16. Wir unterscheiden ein offenes, kurzes *u*, wie im hd. hund, und ein langes geschlossenes *ū* wie in kuh. Letzteres kommt aber nur als erster bestandteil eines langen diphthongen vor.

2. *ŏ, ọ̄.*

§ 17. Das lange geschlossene *o* in hd. rot kennt unsere mundart nicht, hat aber mit dem hd. das kurze offene *ŏ* wie in holz gemein.
Dagegen besitzen wir ein langes geschlossenes *ā̊*, welches dem *o* in frz. *encore* entspricht, jedoch nicht ganz so „low" wie *a* in engl. wall ist.

3. *o̜, ọ̄.*

§ 18. Wenn man mit der lippenstellung für *o* die zungenlage für *u* verbindet, so erhält man einen von mir als *o̜* bezeichneten vocal, der dumpf und unrein klingend akustisch genau zwischen *o* und *u* die mitte hält. Kurz und offen ist er nur in diphthongischer verbindung

---
[1]) Kurze vocale in offener silbe, wie z. b. das *o* in moral, hat unsere mundart nicht.

vorhanden, lang und geschlossen erscheint er ausser im diphthongen nur vor *r*.

II. Nicht-gerundete.

4. *a, ā*.

§ 19. Das Soester *a* kommt lang und kurz vor und ist das reine, helle hd. bühnen-*a*, durch das oben bereits erwähnte breitziehen des mundes noch ein wenig palataler klingend, was besonders bei der länge deutlich hervortritt. — Langes *ā* bildet keine diphthonge.

b) Palatale.

I. Nicht-gerundete.

1. *è, ẽ*.

§ 20. Langes geschlossenes *e*, wie im nhd. beet, frz. aimé, kommt soweit ich weiss, nur in dem einzigen worte *dé* tat (fecit), vor, während wir sonst nur das hierzugehörige kurze offene *è* wie in hd. hell, fern, hände, engl. let, breast besitzen.

Daneben hat unsere mundart jedoch als gegenstück zu *ā* das lange geschlossene *ē* in frz. *père*, nhd. *ä* in käse, das ich mit *ē̜* bezeichne.

2. *i, ī*.

§ 21. Kurzes *i* ist wie im nhd. *bis* offen, langes wie in nhd. *wiese* geschlossen. Das letztere erscheint selten selbständig, sondern meist als erster teil eines langen diphthongen.

3. *ę, ę̄*.

§ 22. Durch verbindung der lippenstellung für geschlossenes *e* mit der zungenlage für geschlossenes *i* erhält man den akustisch genau zwischen *e* und *i* klingenden langen geschlossenen *ę̄*-laut, bei loserer zungenarticulation das dazu gehörige kurze offene *ę*. Beide erscheinen nie allein, sondern stets in diphthongischer verbindung.

II. Gerundete.

1. *ö, œ*.

§ 23. Geschlossenes langes *ō*, wie es in nhd. böse erscheint, fehlt gleich dem *ō̜* unserer mundart durchaus. Wir haben nur das dazu gehörende kurze offene *ö* in nhd. *förster*.

Als parallele zu *ą* und *ę̄* existirt aber ein langes geschlossenes *ö* wie in frz. peur, schwed. för, das ich mit *œ* bezeichne. In betreff der bildung dieser beiden *ö*-laute stimme ich durchaus den worten Vietors, Elem. d. Phon. § 56, s. 60 f. bei; die hinterzunge ist gesenkt und die vorderzunge bildet eine flache längsrinne.

2. *y, ȳ*.

§ 24. Offenes kurzes und geschlossenes langes *ü* — bezeichnung *y, ȳ* — unterscheiden sich genau wie in hd. *bündig* und *bühne*. *ȳ* steht selten für sich, meist bildet es den ersten bestandteil eines langen diphthongen.

3. ǫ, ǭ.

§ 25. Entsprechend dem ǫ und ę wird ein ǫ mit der lippenstellung von o und der zungenstellung von i gebildet, das als kürze offen, als länge geschlossen ist. Es tritt nur in diphthongischer verbindung auf.

c) Guttural-palatale.

§ 26. Hierher gehören nur zwei vocale, deren quantität immer die überkurze ist, nämlich
1. ə = nhd. e in müde, und
2. a — er in engl. father, nicht so nahe bei kurzem a liegend wie das er in Berliner vater.

2. Vocalverbindungen.

a) Diphthonge.

§ 27. Unsere mundart unterscheidet je nach der quantität des ersten bestandteils zwei arten von diphthongen, nämlich kurze und lange. Die ersteren entsprechen hd. verbindungen wie ei, au, letztere englischen wie in no, tale.

Die zahl der diphthonge beträgt 21, wovon 12 kurz und 9 lang sind:

a) die kurzen: uĭ, ŏĕ (gespr. wie nordd. eu, äu), aĕ (= nordd. ei, ai), aŏ (= nordd. au), ĕŏ, ĭŭ, uə, iə, yə, ȅa; ǫa, ęa, ǭa;

b) die langen: ūa, ę̄a, ūra; ūə, īə, ȳə; ǭa, ę̄a, ǭa.

§ 28. Bei allen diphthongen ist der zweite bestandteil überkurz, i, e, o und u in der zweiten gruppe der ersten abteilung sind daher durch den kürzezeichen ‥ von der normalen kürze unterschieden.

b) Triphthonge.

§ 29. Zu den 6 kurzen diphthongen uĭ, ŏĕ, aĕ, aŏ, ĕŏ, ĭŭ kann noch ein ə oder a hinzutreten, wodurch also 12 triphthonge entstehen, bei denen der erste vocal silbenträger ist und alle drei unter éinem exspirationsstoss hervorgebracht werden.

Diese triphthonge entsprechen hd. verbindungen wie in haue, reihe, englischen wie in hour, shire, die man bei nicht allzu langsamer aussprache wol kaum als zweisilbig wird auffassen können.

II. Die consonanten.
(Enge- und verschlusslaute.)

1. Labiale.

a) Mit engenbildung.

§ 30. f ist wie im hd. ein stimmloser, labiodentaler engelaut, v die entsprechende stimmhafte bildung mit nur schwachem reibungsgeräusch. Ein kleiner unterschied zwischen beiden besteht jedoch darin, dass bei ersterem die zähne die mitte, bei letzterem aber den hinteren rand der unterlippe berühren. Beispiele: ful fass, raĕvə rübe.

b) Mit mundverschluss.

§ 31. *p* und *b* unterscheiden sich wie im hd., *m* ist der zugehörige nasal. — Beispiele: *òp* auf, *bnĩ* bei, *man* mann.

2. Dentale.
a) Mit engenbildung.

§ 32. Von den 3 dentalen zischlauten des nhd. fehlt das „sch" unserer mundart durchaus, *s* ist antedorsal-alveolar wie das stimmhafte *z*. Die zungenspitze liegt dabei hinter der oberen zahnreihe und die engenbildung findet zwischen den alveolen und dem vorderen zungenblatt statt. Häufig ist die zungenspitze so weit gehoben, die vordere engenbildung so sehr verbreitert und auch wol die für das *s* charakteristische längsrinne der zunge derartig verflacht worden, dass der so hervorgebrachte laut dem hd. *sch* ($š$) nahe kommt[1]), eine aussprache, die ich auch schon bei Engländern beobachtet zu haben glaube. — Beispiele: *sal* soll, *nāzə* nase.

§ 33. Hierher gehört auch das stimmhafte gerollte zungenspitzen-*r*, das in der nähe der alveolen ohne grosses reibungsgeräusch hervorgebracht wird. Auf dem lande herrscht es fast noch ausschliesslich, in der stadt hört man es sehr selten, da es für bäurisch und grob gehalten und meist durch die uvulare bildung ersetzt wird. Ich unterscheide es in den beigefügten dialektproben von dörfern durch die schreibung *ʀ* von dem gewöhnlichen uvularen *r*. — Beispiel: *ʀẽõt* rot.

b) Verschlusslaute.
α) Ohne laterale öffnung.

§ 34. Hierher gehören die antedorsal- bis coronal-alveolar gebildeten *t*, *d* und der nasal *n*. Beispiele: *taö* zu, *dynə* dünn.

β) Mit lateraler öffnung.

§ 35. Unser *l* ist stets stimmhaft mit beidseitiger öffnung der zungenränder und einem vorderen coronal- bis antedorsal-alveolaren verschluss. Die hinterzunge ist dabei guttural gehoben, so dass es einen dunkeln klang erhält, der es deutlich von dem hellen mitteldeutschen *l* unterscheidet. Doch ist es nicht so dumpf wie das englische und amerikanische *l*. Reibungsgeräusch tritt bei seiner bildung nicht ein. — Beispiel: *māl* mal.

3. Palatale.
a) Engelaute.

§ 36. *j* und *c* sind gleich dem hd. *j* in jahr und *ch* in ich, schlecht, *c* ist jedoch nicht so stark palatal wie in den rheinischen und mitteldeutschen dialekten. *j* hat zwar nur ein schwaches reibungsgeräusch, ist aber deutlicher engelaut und nicht etwa bloss consonantisch fungirendes *i*. — Beispiele: *juŋk* jung. *cistən* gestern, *lictə* leicht.

---
[1]) Vgl. Sievers, Phonetik, s. 101 f.

b) **Verschlusslaute.**

§ 37. Vor und nach palatalen vocalen wird die bildungsstelle des gutturalen *k* ein wenig nach dem hinteren rande des harten gaumes hin verschoben, wie im hd. bei kind, blick, engl. keep. Eine besondere unterscheidung dieser modification hielt ich wegen ihres nicht stark ausgeprägten charakters für überflüssig, besonders da sie stets nur in den genannten verbindungen auftritt. — Beispiele: *kǝɡl* kegel, *zluīks* sogleich.

4. **Gutturale.**

a) **Engelaute.**

§ 38. Diese sind *x* und *g*, ersteres = *ch* in ach, letzteres der entsprechende stimmhafte laut mit schwachem reibungsgeräusch. — Beispiele: *daxt* docht, *sāɡǝ* sage.

§ 39. *r* wird durch zittern des zäpfchens erzeugt und ist stets stimmhaft. Die hinterzunge ist dabei häufig so gehoben, dass jene schwingungen gehindert werden und ein rauhes, unangenehmes, kratzendes geräusch entsteht. *r* erscheint nur im wortanlaut und inlaut, niemals aber im auslaut. Beispiele: *rat* rad, *kārǝ* karre.

b) **Verschlusslaute.**

§ 40. Die einzigen hierher gehörigen laute sind das *k* = hd. *k* in kahl und der nasal *ŋ* = hd. *n* in danke. Vor und nach palatalen vocalen ist seine bildungsstelle ein klein wenig nach vorn verschoben, jedoch ist die wirkung davon in der aussprache so gering, dass von einer besonderen bezeichnung dieser modification füglich abstand genommen werden darf. — Beispiele: *klaŋk* klng, *laŋǝ* lange, *siŋǝ* singe.

§ 41.

Uebersicht der in der Soester mundart vorkommenden laute.

I. Die vocale.[1]

	Geschlossene.		Offene.	
	lange	kurze		überkurze
1. Gutturale:	(*ū*)	*u*		—
	—	*ȯ*		(*ȯ*)
	ū̇	—		—
	ȱ	(*o*)		—
	ā	*a*		—
2. Palatale:	*ē*	*i̇*		(*i̇*)
	ẹ̄	—		—
	ī	*i*		(*i*)
	(*ē̇*)	(*ẹ*)		—
	—	*ö*		—
	œ	—		—
	ȳ	*y*		—
	(*ü*)	(*ü*)		—
3. Gutt.-palat.:	—	—		*ǝ*
	—	—		*a*

[1] Die nur in diphthongenverbindung vorkommenden sind eingeklammert.

II. Die consonanten.

	Mundenge.				Mundverschluss.		
	stl.	sth.		stl.	sth.		
	ohne	mit zittern.		ohne	mit nasaler öffnung.	mit lateraler	
Labiale.	f	v	—	p	b	m	—
Dentale.	s	z	r	t	d	n	l
Palatale.	c	j	—	k	—	—	—
Gutturale.	x	ʒ	r	k	—	ŋ	—

Anhang.

Beispiele zu den §§ 18—29.[1]

§ 42. Da bei der aufzählung der einzelnen vocale und diphthonge beispiele nicht gut gegeben werden konnten, indem manche dabei nötige zeichen erst später ihre erklärung finden, so sind solche hier zusammengestellt:

Zu § 16: *punt* pfund.
Zu § 17: *hòlt* holz, *dā̊* da.
Zu § 18: *fᵫrə* furche.
Zu § 19: *pat* pfad, *sākə* sache.
Zu § 20: *sɛ̇sə* sechs, *bedə* bett, *kėl* kerl.
Zu § 21: *blint* blind, *rī'ən*[2]) geritten.
Zu § 23: *möt* (wir) müssen, *mɛ́tic* passend.
Zu § 24: *synə* sünde, *hÿ'ən*[2]) büten, *frÿ'ɑn* frören.
Zu § 26: *alə* alle, *bətūlt* bezahlt, *ëma* eimer.
Zu § 27: *mȧin* mein, *nȯė* nein, *vaėtə* weizen, *kaȯl* kühl, *brėȯt* brot, *vȧu* wie, *bu̇tə* butter, *vȧətn* wissen, *nyətə* nüsse, *fėadl* viertel, *kọ̆st* kurz, *mɛ́atn* messen, *hẏavə* höfe, *jụa* jahr, *mẹ̀a* mehr, *hȧṷt* hört, *fü̇zl* vogel, *hȧəʒə* hecke, *lÿəʒn* lögen, *spṳ̈a* spur, *vẹama* würmer, *mǭa* mürbe.
Zu § 29: *luiə* leute, *ruɛ̇ə* rute, *bȯėa* bier, *brėȯa* bruder, u. s. w.

Dritter abschnitt.
Accent.

§ 43. Die betonung ist in unserer mundart im grossen und ganzen dieselbe wie im nhd., einzelne abweichungen, die besonders die fremden eigennamen betroffen haben, mögen hier ihre stelle finden. Die betonte silbe ist durch .. : nach dem vocal bezeichnet.

bu̇ẕəmɛ̇ːsta bürgermeister, *aldā·gəs* alltags, *fọ̇aran* voran, *slufi·tək* flügel (= schlagfittich), *ka·truīnə* Katharina, *ma·ri* Marie, *mìːaʒmblaːčməkn* Marienblümchen. *sò·fi* Sophie, *a·ndrɛ̀ɛ̀s* Andreas.

---

[1]) Zunächst sind nur die einfachen vocale berücksichtigt, die in diphthongischen verbindungen vorkommenden sind unter der rubrik „zu § 27" vereinigt.

[2]) Durch den hinter den vokal gesetzten apostrophen (') bezeichne ich, dass jener nicht mit dem folgenden ə oder a einen diphthong bildet.

Zweites buch.
Lautlehre.

Erster hauptteil.
Das wort im status absolutus.

§ 44. Lassen wir uns von jemanden ein beliebiges wort, sei es der schriftsprache oder seiner mundart, nennen, und hören wir es dann wider in seiner unbefangenen, ungekünstelten redeweise im zusammenhange des satzes, so werden wir bald die entdeckung machen, dass es hier selten so erscheint, wie es uns zuerst angegeben war. Jene „normalform" wird, ohne das der sprechende eine ahnung davon hat, im flusse der rede gekürzt, gedehnt, im anlaut und auslaut an benachbarte worte assimilirt — kurzum, sie macht ganz beträchtliche wandlungen durch. Wir sind uns aber nur deshalb dieser vielgestaltigkeit unseres sprachschatzes nicht bewusst, weil die schriftsprache darauf — abgesehen von besonderen fällen — so gut wie gar keine rücksicht nimmt, sondern uns stets das wort in seiner vollen, unveränderten gestalt zu schreiben und zu sprechen befiehlt. Eine dialectgrammatik jedoch, die im gegensatze zu der blos dem praktischen bedürfnis dienenden schriftsprache wissenschaftliche genauigkeit anstrebt, darf und soll jenes eben erwähnte moment keineswegs vernachlässigen — nein, sie muss es sogar recht betonen und hervorheben. Wie wichtig die stete berücksichtigung der in rede stehenden verhältnisse ist, weiss jeder, der sich mit den neueren arbeiten und ergebnissen auf dem gebiete der historisch-comparativen sprachwissenschaft nur ein wenig vertraut gemacht hat.

§ 45. Da nun eine grammatik oder ein wörterbuch unmöglich alle formen, die ein wort in der lebendigen rede annehmen kann, nebeneinander aufzuführen im stande ist, weil dazu eine undurchführbare erschöpfung aller combinationsmöglichkeiten notwendig sein würde, so müssen wir uns darauf beschränken, zunächst jene normalgestalt anzuführen und die jeweiligen veränderungen in einem besonderen teile unter allgemeinen gesichtspunkten darzustellen. Dort werden also die sogen. „satzdoppelformen" und sandhiregeln ihren platz finden, während hier das wort in seiner einzelexistenz, im „status absolutus" — um einen terminus der hebräischen grammatik zu gebrauchen — gegeben werden soll.

Erster abschnitt.
Vocalismus.

§ 46. Da die darstellung des lautbestandes der Soester mundart eine historische sein soll, so haben wir zunächst den vocalismus der vorhergehenden sprachperiode. des mittelniederdeutschen, zu betrachten. Ueber diesen sind jedoch in wesentlichen punkten die ansichten der forscher noch so verschieden, dass ein näheres eingehen auf denselben erforderlich ist, um die der folgenden untersuchung zu grunde gelegten lautwerte zu begründen. Besonders um das vorhandensein des umlauts dreht sich noch heute der streit.

§ 47. Das mnd. unterschied ausser den beiden gruppen von stimmhaften und stimmlosen (gehauchten) vocalen
1. kurze: *a, ë, e, i, o, ö, u, ü*,
2. lange und zwar a) die dehnungen (tonlängen): *a, ë, e, o¹, ö¹, o², ö²*,
 b) die alten längen: *ā, ē¹, ē², ē³, ī, ō¹, œ¹, ō², œ², ū, ṻ*.

Daran schliesst sich noch das kurze *e* in unbetonten silben, welches wol schon den lautwert *ə* hatte. — Von den mnd. diphthongen wird später die rede sein.

Ob kurzes *ë* (= wgerm. and. *ë*) und *e* (der *i*-umlaut von *a*) noch geschieden waren, ist deshalb ein wenig zweifelhaft, weil sie in der jetzigen Soester mundart zusammengefallen sind. Nach dem verhalten des mhd. jedoch, sowie nach der entwicklung die diese beiden vocale in offener betonter silbe erfahren haben, darf man vielleicht schliessen, dass *ë* in seinem lautwerte dem *a, e* dem *i* zuneigte, und dass ihre vermischung erst in späterer zeit erfolgt ist.

§ 48. Im mnd. wurden wie im mnl., mc., nhd. und in den neueren skandinavischen sprachen ursprünglich kurze vocale in betonter offener silbe zu „tonlängen" gedehnt, wobei *e* und *i* in *e* zusammenfielen und *u, ü* zu *o², ö²* wurden. Jenes *e* muss ein langes offenes, dem geschlossenen *e* sich näherndes *i* gewesen sein. wie es z. b. in neuisl. *vita* ‚wissen' erscheint, *o²* ein offenes langes, nach geschlossenem *o* hinneigendes *u, ö²* ein entsprechendes *ü*. Dass übrigens *ë, o¹, ö¹* von *e, o²* und *ö²* deutlich unterschieden waren, geht aus der heutigen mundart mit aller evidenz hervor. wonach die 3 ersteren dem *a* näher gelegen haben müssen. Drei lauge *ē*, zwei lange *ō* und *œ* anzusetzen zwingt uns die moderne entwicklung dieser in der mnd. schriftsprache zwar nicht unterschiedenen, aber gewiss ganz verschieden ausgesprochenen vocale, über deren etymologischen wert später das nähere beigebracht werden wird.

§ 49. Wie schon oben angedeutet wurde, herrscht über das vorhandensein des *i*-umlants von kurzem und langem *o* und *u* durchaus keine einstimmigkeit. Es wird noch immer von angesehenen forschern behauptet, derselbe sei erst nach der reformationszeit aus dem hochdeutschen eingedrungen — nur *a* und *ā* hätten vom and. her regelrecht einen solchen entwickelt. Ihre gründe sind:
1. vor der reformation werde der umlaut bei *o* und *u* nicht bezeichnet,
2. die reime der mnd. dichter bewiesen das nichtvorhandensein desselben.

Da ich auf die oft und breit genug behandelte umlautsfrage hier nicht ausführlicher eingehen kann, sondern mir ihre erörterung auf eine passendere gelegenheit versparen möchte, so will ich nur kurz anführen, dass der erste punkt aus folgenden gründen nicht stichhaltig ist:

1. auch gute mhd. handschriften bezeichnen oft den umlaut von *o* und *u* nur selten oder gar nicht — wer wollte aber deshalb an seiner existenz zu zweifeln wagen?

2. Man konnte den umlaut auch nicht einmal genügend bezeichnen, da ein über- oder nebengeschriebenes *e* die dehnung oder länge des vocals, ein nebengesetztes *i* dasselbe, und endlich zwei striche über dem *u* seinen charakter als vocal gegenüber dem *u* = *v* ausdrücken oder seiner verwechslung mit *n* vorbeugen sollten. Gegen den zweiten grund lässt sich sagen, dass die mnd. dichter niemals die reinheit der reime erreicht haben, welche sich die mhd. dichter zum gesetz machen, und es ihnen ebensowenig darauf ankam, nötigenfalls umgelauteten auf nicht umgelauteten vocal zu reimen, wie sie sich andererseits oft mit blossen assonanzen begnügten.

Positiv aber darf man für das vorhandensein des umlautes von *o* und *u* im mnd. anführen, dass er in sämtlichen neueren ndd. dialekten mit der vollkommensten regelmässigkeit überall da erscheint, wo im and. ein *i* oder *j* auf das *o* und *u* folgte. Viele nnd. wörter, besonders die so sehr wichtigen „isolirten formen" haben gar keine entsprechungen im hd., nach denen sie den umlaut hätten annehmen können, vor allem die orts- und eigennamen! Am allerwichtigsten ist schliesslich der umstand, das oft ein wort im hd. umlaut hat, im nd. aber nicht, und umgekehrt, dass sich aber jedesmal dies abweichende verhalten der nnd. dialekte aus den entsprechenden formen des and. oder des verwanten anl. und ags. vollständig befriedigend erklären lässt. Beispiele für alles dieses anzuführen halte ich für überflüssig, da sie der leser im folgenden zur genüge finden wird. — Und wie soll man sich denn eigentlich diese angebliche beeinflussung vom hd. her vorstellen?

Ich glaube durch vorstehendes meine ansetzungen von *ö*, *ü*, *œ̈* *ü* (¹ u. ²) genügend gerechtfertigt zu haben und schliesse hiermit diesen excurs.

I. Die stimmhaften vocale.

1. Die vocale der stammsilben.

A. Die regelmässigen entsprechungen.

a) Die kurzen vocale.

a.

§ 50. Mnd. *a* ist als *a* bewahrt, vgl. z. b. *fan* von, *sal* soll, *da.r* tag, *.rlas* glas, *.rraf* u. grab, *brak* brach, *pat* pfad, *rat* rad, *s.rap* m. schrank (and. skap), *max* mag, *drap* traf, *trapə* treppo, *sxrapə* schabe, kratze, scharre (mhd. schrapfen, inu ul. und engl. mit einfachem *p*: schraapen, to shrape), *fastə* fest (and. fasto), *lant* land, *damp* dampf, *kam* kamm, *vasn* wachsen, *flas* flachs.

ë, e.

§ 51. Mnd. *ë* und *e* sind in *è* zusammengefallen, also:

a) *fèl* fell, *stèmə* stimme (mnd. stemme, and. stëmna), *hèlpm* helfen, knëct knecht, rëct recht, fëll feld, cëll geld, vësln wechseln, sës sechs, fël fiel (and. fel), cëŋk ging (and. geng), hëŋk hieng (vgl. ags. hengჳ), fëŋk fing (and. feng).

b) ënak enterich, mënskə mensch, fëtkn fässchen, rësln rasten, ausruhen (and. restian), .rrëftə f. stadtgraben (eigentlich plur. von mnd. graft), hënlc bequem zur hand gehend, flink, dienstfertig (and. hendig), plënta pflanzer, werkzeug zum pflanzen, ëcta hinter (mnd. echter, dän. efter), mëctn mit anstrengung arbeiten, keuchen (zu macht), minërtic verächtlich, geringschätzig, trëcta trichter (lat. tractarius), hëlskə sehr (= höllisch), hëlə strassenname (= hölle), scëlə schale (mnd. schelle), scëln schälen (mhd. schellen), tëln zählen (mnd. tellen), vël will (and. welleo), këmm kämmen, këmpə eingefriedigte grundstücke (pl. von kamp m.), vëltan wälzen, brëŋn bringen (and. breŋian), tëŋə zierlich, frisch, munter, hoffärtig (mnd. tanger, ahd. zangar, unsere form setzt ein and. *tengir voraus), sëჳn sagen (and. seggian), lëskn löschen (mnd. lesken), scëpm schöpfen (and. sceppian), fascëpm verunstalten, entstellen (mhd. verscheffen), sik rëpm sich beeilen (nl. reppen), pëpə f. weibliche brustwarze (e. pap), lëtn aufhalten (and. lettian).

c) In folgenden wörtern entspricht das mnd. e einem älteren i: krëŋl kringel, rundes gebäck, blëŋkn blinken, vëŋkn winken, rënə dachrinne, hënə hin (vgl. e. hence), svëmə schwimme, klëmə klimme, krëmpə krimpfe.

i.

§ 52. Mnd. i ist als i erhalten. Es entspricht meist einem älteren i, in einigen fällen auch einem früheren e.

a) ribə rippe, tip m. spitze, zipfel (e. tip), hita f. ziege, tita brustwarze, zitze, klitsə f. hündin (nl. klits), midə mitte, liჳn liegen (mnd. liggen), stikə f. streichhölzchen (schwed. sticka), vilt wild, scilt schild, miltə f. milz, imə imme, biene, nicte nichte, ɔəsicta gesicht, misə messe (lat. missa), blint blind, binn binden.

b) finsta fenster, cistan gestern (unl. ghisteren).

o.

§ 53. Dem mnd. o entspricht regelmässig ein ò. Es vertritt:
1) ein and. ò, z. b. in
kòp kopf, dòp m. 1. eierschale, 2. brummkreisel, 3. ofenröhrendeckel (nl. dop, nhd. topf), sòpə suppe (mnd. soppe, ahd. sopha), snòt m. nasenschleim (mnd. dän. e. nl. snot, mhd. snuz), pòt m. topf, plòk m. handvoll (nl. plok, zu pflücken), òx ach (mnd. mhd. och), mòxtə mochte, dòxta tochter, òsə ochse, fòs fuchs (mnd. vos, e. fox), ɔòlt gold, hòlt holz.
2) ein and. a + ld, lt, z. b. in
fòlə falte, hòlə halte, spòlə spalte, bòlə bald (and. baldo), òlt alt, kòlt kalt, ròlt wald, ɔəvòlt gewalt, sòlt salz, smòlt schmalz, mòlt malz.

Anm. Schon im mnd. haben sich verbalformen wie talte zählte, gestalt gestellt u. ä. durch systemzwang dieser regel entzogen. Näheres darüber siehe in der formenlehre.

ö.

§ 54. Mnd. *ö*, der umlaut des vorigen, ist als *ö* erhalten.

a) *köpsk* querköpfig, eigensinnig, *döpkn* n. zündhütchen („töpfchen"), *döpm* erbsen und bohnen aus den schalen lösen (zu *dop*), *kröpa* kröpfer, kropftaube, *stöka* stücke, *rökə* röcke, *pötə* töpfe, *snötə* (pl. von *snot*), *möctə* möchte, *döcta* töchter, *ösic* den ochsen begehrend, brünstig, *föskn* füchschen, *hölTkn* hölzchen, *dölən* roh lärmen, *dölərie* lärmend, geräuschvoll, *böləkn* n. kleiner bollen, schenkel; *penis*, *kösta* küster (and. costarüri).

b) In folgenden wörtern steht durch neubildung *ö* statt des als umlaut von *a* zu erwartenden — auch im and. als *e* erscheinenden — *è*, weil das grundwort sein *a* zu *ö* gewandelt hatte: *föləkn* fältchen, *öla* älter, *köla* kälter, *völa* wälder.

u.

§ 55. Mnd. *u* wird regelmässig durch *u* widergegeben. Dasselbe entspricht älterem *u* oder *i*.

a) *slupən* schlüpfen, *bədubət* betrogen (Woeste hat: *dubben* 'schlagen', vgl. schwed. dubba 'zum ritter schlagen'), *nubln* fein regnen, *trumə* trommel (mhd. trumbe), *xlumən* glimmen, glühen (mnd. *glum*: unter der asche glimmendes feuer), *krum* krumm, *dum* dumm, *kump* m. schüssel, *pumpə* pumpe, *but* plump, grob (dän. but), *busk* busch, *dul* toll (mnd. dul), *ful* voll, *vulə* wolle, *vulf* wolf, *multa* n. mahllohn (mnd. multer), *pulə* f. flasche (lat. ampulla), *xədult* geduld, *sxult* schuld, *sxula* schulter, *tunə* tonne, *sunə* sonne, *nunə* nonne, *xunt* gegönnt (mhd. gegunnet), *kuŋln* heimlich tauschhandel treiben, *duŋkl* dunkel, *buŋə* f. an der decke aufgehängter, mit drahtgeflechte umzogener kasten zur aufbewahrung von speisen (mnd. bunge), *nukn* nicken, einschlafen (mnd. nucken), *hukə* f. kröte (zu hocken), *ambukn* sich bückend anlehnen, *pukn* mit getöse aufschlagen, von abfallendem obste z. b. (mnd. puk 'puff, schlag'), *pukəbysə* stopf-, stossbüchse, ein spielzeug, *busbèöm* buchsbaum.

b) Einem älteren *i* entspricht das *u* in *vustə* wusste (mnd. wiste, wuste, and. wissa, anl. wista), *vust* gewusst. Es hat hier labialisierung durch das vorhergehende *w* stattgefunden.

ü.

§ 56. Mnd. *ü* ist als *y* erhalten. Demselben liegt entweder umgelautetes *u* oder *wi* oder *e* zu grunde.

a) *stybm* bäume kappen, abhauen (mnd. stübbe 'baumstumpf'), *krybə* krippe (ags. crybb, mnd. krübbe), *knyp* knoten (zu knüpfen), *dypə* f. hölzernes milchgefäss (mnd. düppe, zu *dop* = topf), *ymə* um (and. umbi), *dympm* dümpfen, ersticken (mhd. dümpfen), *brymsk* brummig, verdriesslich, *pyt* brunnen (ags. pyt), *pryt* kaffesatz, *lytkn* xrantvçax, *l. ampm* im 'kleinen Grandweg', Klein-Ampen (ein dorf), als cas. obliq. erstarrt (and. luttik), *sys* sonst (mnd. sus, woher der umlaut?), *cystə* nicht milchgebend (nl. gust), *kyl(d)ə* kälte (mnd. külde, vgl. anord. kulde), *xədylic* geduldig, *scylic* schuldig, *cyln* golden (ags. zylden), *hyltn* hölzern (mhd. hülzin), *vyln* wollen (mnd. wüllen), *syl* n. schwelle (ags. syll), *fylic* völlig, *ylək* iltis (mnd. üllik, pommersch ullink, afries. ulke), *tyln* den speichel fliessen lassen (nl. lullen), *myl* n. staub, kehricht, lockere erde (vgl. mhd. mūllen : zermahnen), *kynic* verständig, aufgeweckt, von kleinen kindern (= nhd. kundig, dän. kyndig), *sik vynan* sich wundern, *sik synn* sich sonnen, *byksə* f. hose (dän. pl. buxer), *myẕə* mücke, *ryẕmbruï* roggenbrei (mhd. ruggīn, adj.), *slynļ* schlingel (dän. slyngel), *lynkelwïən* herum horchen, sich neugierig umhertreiben (zu nl. lonk 'blick'?), *dyctic* tüchtig, *bysə* büchse.

b) *tyskn* zwischen, *systa* schwester (vgl. ahd. im 2. Merseb. zaubersp.: suister).

c) *syntə* heilige (stets vor dem namen, mnd. *sünte* aus *sente* = lat. sancti, sc. dies, festum).

β) Die tonlangen vocale.

Tonl. *a*.

§ 57. Mnd. tl.[1]) *a* ist als reines *ā* erhalten: *xāpə* gähne, sperre den mund auf (mnd. gapen), *pāpə* pfaffe (mnd. pape), *kāvl* käfer (ags. ceafor), *hāma* hammer (and. hamur), *hāml* hammel (mhd. hamel), *kāma* kammer (mhd. kamer), *lātə* spät (e. late), *bātn* nützen, helfen (mnd. baten), *klātəric* schmutzig, elend, armselig (zu mhd. klaz 'schmutz, fleck' mnl. klatten 'beschmutzen', mnd. klatte 'fetzen'?), *vātə* wasser, *ātə* f. mistjauche (mnd. adele), *sāl* sattel (nl. zadel), *s.rātə* schale von eiern, früchten, *kāl* kahl (ahd. kalo), *hālə* hole (and. halon), *hānə* hahn, *vānə* adv. sehr, adj. — jedoch nur prädicativ — tüchtig, stark, verrückt (adv. von and. wan)[2]), *māka* mache, *sāka* suche, *vākə* wache, *stākn* m. pfahl, stange (e. stake), *nākəlic* nackt (mnd. nakendich), *brākə* flachsbreche (e. brake, dän. brage), *fākə fākn* oft (mnd. fake(n), mmd. gefache), *kākln* gackern (mnd. kakelen), *sāẕə* säge (ahd. saga), *snāẕl* m. schnecke (ags. snæẕel), *māẕəl* magd.

Tl. *ë*.

§ 58. Mnd. tl. *ë*, d. h. die tondehnung von and. wgerm. *ë*, hat sich zu dem diphthongen *ęa* entwickelt.

vęakə woche (mnd. weke), *u̇ïskęakl* eiszapfen (mnd. kekel), *ręaẕə* pl. wege, *dręapə* treffe, *ęabm* eben, *lęava* leber, *svęarl* schwefel, *męatn* messen, *bęadln* betteln, *stęalə* stehle, *svęaln* russig, qualmend brennen (ags. swelan), *męalkə* milch (altn. mjolk), *męal* mehl (ahd. melo), *ęal* gelb (ahd. gelo), *dęal(ə)* f. tenne, hausflur (ags. ļel), *fęaẕn* fegen (and. vëgon).

Tl. *e*.

§ 59. Wie die entwickelung dieses vocales in unserm dialecte lehrt, waren and. *ę*, der *i*-umlaut von *a*, und and. *i* in offener betonter silbe zu tl. *e* zusammengefallen. Demselben entspricht heute der diphthong *iə*. Da aber in einer grossen anzahl von fällen durch später näher zu erörterndem systemzwang *ęa* statt *iə* bei dem aus *a* entstandenen *e* erscheint, so ist es aus praktischen gründen ratsam, die beiden vocale getrennt zu behandeln. Tl. *e* = and. *i* nennen wir als das ältere *e¹*, tl. *e* = and. *ę* = got. *a* als das später entstandene *e²*.

---

[1]) Dieser abkürzung werde ich mich fernerhin für „tonlang" bedienen.
[2]) s. Osthoff, M. U. IV, 369.

Tl. e^1 (*i*-umlaut von *a*).

§ 60. In allen isolirten formen, d. h. solchen worten, welche in flexion und ableitung neben dem *e* kein *a* mehr aufweisen, ist dieses *e* zu *ǝ* geworden. Daraus ergibt sich, dass das mnd. tl. *e* ein geschlossener, nach *i* hinliegender vocal war. Beispiele:
sciǝpl scheffel, *liǝpl* löffel, *hiǝmǝt* hemd, *biǝkǝ* f. bach, *diǝkǝ* decke, *diǝkl* deckel, *hiǝkl* hechel, *hiǝkln* hecheln, *kiǝtl* kessel, *niǝtl* nessel, *viǝtkǝ* f. käsewasser (mnd. wadeke, woneben ein *wedeke anzusetzen ist, aus dem unsere form durch synkope entstand), *iǝzl* esel, *viǝnn* gewöhnen, *viǝnǝ* f. harte fleischgeschwulst, pöckchen am auge (mnd. wene, nl. e. wen), *smiǝlǝ* f. 1. eine art langes gras, 2. schlankes, mageres mädchen (mhd. smelche), *ciǝntn* dort, drüben (mhd. jenent)[1].

§ 61. Wenn dagegen dieses tl. *e* in der flexion oder wortbildung noch mit dem ursprünglichen *a* wechselte, so ist es zu *ē* umgewandelt und erscheint jetzt wie dieses als *ęa*. Vergleichen lässt sich mit diesem vorgange die nhd. orthographie, welche einerseits behende, eltern, andererseits aber hände — zu hand — und älter — zu alt — schreibt. Beispiele sind:
fat — *fęatǝ* fass — fässer, *tām* — *tęamm* zahm — „zähmen", *bātn* — *bęatǝ* helfen — besser, *hadǝ* — *hęast* hatte — hast (and. hebis), *xlus* — *xlęaza* glas — gläser, *hāzlnuǝt* — *hęazltǝ* haselnuss — haselstaude, *tān* — *tęanǝ* zahn — zähne, *mākn* — *s.raömęaka* machen — schuhmacher, *sla.x* — *slęazǝ* schlag — schläge, *māzǝt* — *męazǝdǝ* — *męakn* magd — mägde — mädchen.

In folgenden wörtern steht *ęa*, ohne dass noch *ā* aufweisende formen daneben ständen. Solche müssen erst in den letzten zeiten der dem heutigen dialekte vorangegangenen periode geschwunden sein, da in den von alters her isolirten formen sicher *iǝ* eingetreten wäre.

ęaksǝ axt, *ęaksta* elster (nl. aakster und ekster), *ęakata* f. eichel, ecker (mnd. ackeren, ecker), *ręavǝ* f. rabe (eine bildung wie nhd. träne!). Warum heisst es aber *ęalǝ* elle (mnd. ele) und *tvęalvǝ* 12?

Tl. e^2 (= *i*).

§ 62. Das aus and. *i* entstandene tl. e^2 ist wie tl. e^1 zu *iǝ* diphthongirt, vgl.

sciǝpǝ pl. schiffe, *xriǝp* m. griff (mnd. grepe), *striǝpǝ* streife (e. to strip), *sliǝpǝ* schleppe (nl. slepen, and. *slipon), *sviǝpǝ* f. peitsche (ags. swipu), *striǝml* streifen, fetzen (ahd. strimil), *hiǝml* himmel, *diǝmstǝric* dunkel, *diǝmmǝrig* dämmerig (mnl. deemster, and. thim), *niǝmǝt* er nimmt, *kiǝtln* kitzeln, *viǝtn* wissen, *miǝt* mit (mnd. mede), *biǝt* biss (mnd. bete), *sxriǝt* schritt (mnd. schrede), *sniǝt* schnitt (mnd. snede), *sciǝt* schiss (mnd. schete), *sciǝtǝric* schmutzig, kotig (mnd. scheterich), *triǝt* tritt (mnd. trede), *triǝzl* kreisel, *viǝzǝ* wiese, *hiǝzǝ* f. sturmwind, schneegestöber, kalter regenschauer (and. bisa, nhd. bieswind), *biǝlt* bild (and. bilithi), *hūmmsiǝl* m. kummet, *blatsiǝl* m. brustblatt, geschirrstück der pferde (ahd. silo), *iǝkǝ* ich (ahd. ihha, urnord. run. haitika, haiteka), *siǝka* sicher, *piǝkl* f. pökel (e. pickle, mnd. nl. pekel), *priǝkl* m. stachel, stock mit

---
[1] Vgl. Sievers, P. Br. Beitr. IX, 567.

spitze (mnd. prekel, ags. pricele). *hiəkn* bellen (mnd. bleken), *siəkl* sichel, *biəka* becher (and. biker), *viəkə* welcher (aud. hwilik), *kviəkn* quecken.

Tl. o¹.

§ 63. Mnd. tl. o¹ = and. o wird ǫa. Vgl. ǫapm offen [1]), *drǫapm* m. tropfen, *kǫapa* kupfer (ags. copor), *hǫavə* dat. hofe, *stǫavə* stube (altn. stofa, ags. stofe), *ǫavə* ofen, *strǫatə* f. strosse, luftröhre (and. strota), *kǫatə* kotte, kleines bauerngut (mnd. kote), *xǫate* gosse, *pǫatn* setzen, pflanzen (mnd. poten), *hǫazə* strumpf (= nhd. hose), *sǫalə* sohle, *vǫal* wohl (and. wola), *hǫalǝric* hohl, *ǫalic*, *ǫalʒǝ* öl (anl. olig), *stǫaln* gestohlen. *sxǫakn* m. bein (Remscheid: *šökn*, P. Br. Beitr. X, 408. Aachen: schochen), *stǫakn* stochern, *lǫaʒn* gelogen.

Tl. ö¹.

§ 64. Der umlaut des vorigen erscheint als *ǫa*, z. b. *kǫapan* kupfern, *trǫaʒǝ* pl. trüge, *slǫata* 1. schlösser, 2. schlosser, *kǫata* kötter, *scǫata* m. heranwachsendes kind, schössling (zu *sxǫal* schoss), *ǫavǝkn* öfchen, *hǫavǝ* höfe. — *ǫava* über (and. obar, mnd. over) hat seinen umlaut entweder unter dem einflusse des nhd. oder durch ausgleichung an den superlativ *ǫavastǝ* erhalten.

Tl. o².

§ 65. Mnd. tl. o² = and. u ist zu *uǝ* geworden, vgl. *stuǝpm* m. junges pferd, *huǝpə* m. dat. hüfte, *kuǝmm* kommen (and. kuman), *suǝmə* sommer (and. sumar), *fruǝmə* fromme (mhd. frume), *buǝtə* butter, *bluǝtə* f. altes stumpfes messer, *stuǝtǝn* stottern, *suǝnǝ* dat. sohne (and. sunu), *vuǝnn* wohnen (ags. wunian), *duǝnə* donner (ags. ðunor), *duǝnə* fest (mud. don), *fuǝzl* fusel, *duǝzl* dusel, *pruǝkln* stochern, *stuǝkǝn* mühsam gehn, stolpern, *juǝkə* f. der oberste bodenraum, vorratskammer und hühnerstall bildend (eigtl. pl. von and. jnk 'joch', vgl. nl. jukken 'die querbalken unter einer ausdachung'), *juǝkln* schaukeln (zum vor.), *kuǝkn* schlagen, klopfen (nl. beuken, mhd. bucheu, nhd. pochen).

Tl. ö².

§ 66. Der umlaut des vorigen erscheint als *yǝ*, vgl. *fryǝml* freund (mnd. vrömede), *kryǝml* f. krümchen, bröckchen, *kryǝpl* krüppel (nl. krenpel), *syǝp* m. suff, saufen (and. *supi), *syǝpa* säufer (e. sipper), *tämpryǝkǝtǝ* zahnstocher, *slyǝtl* schlüssel, *kyǝtl* m. kot, schiss (nl. keutel), *scyǝtl* schüssel, *knyǝtǝn* murren, brummen, verdriesslich sein (nl. kneuteren), *snyǝtǝn* den schleim in der nase herauf ziehen (zu snǫt, mhd. snuz), *spyǝtǝn* spützen, speien, *flyǝt* m. fluss am auge (and. fluti), *scyǝt* schnss (ags. seyte), *cyǝt* guss (ags. zyte, mnd. göte), *unyǝzl* einfältig, unschuldig (nl. onnoozel), *riünyǝzl* m. abgehärtetes kind, das wind und wetter verträgt, eigtl. "rauhnase" (e. nozzle, nl. neus), *styǝnn* stöhnen, *dryǝnn* dröhnen, *kyǝniŋk* könig. *ryǝnlik* wohnlich, *byǝnǝ* bühne, *myǝnǝk* mönch, *myǝtǝ* mühle, *fyǝtn* n. füllen, fohlen, *kyǝkə* küche, *syǝk* solch (and. suhk),

---

[1]) Das daneben gebräuchliche *ǫpm* zeigt anlehnung an *öp* auf.

ŏpstyəkan unfreizen, verhetzen (zu stochern), *bryək* bruch (ags. bryce, nl. breuk), *xəryək* geruch, *tyəx* zug (ul. teng), *byəx* m. biegung (mnd. böge), *flyəx* flug (ags. flyʒe).

γ) Die langen vocale.

ā.

§ 67. Mnd. *ā* = and. *ā, aha* hat sich zu *ǭ* entwickelt. Es darf daraus geschlossen werden, dass es bereits frühzeitig einen dunkleren, nach *o* hinneigenden klang hatte, während das tonlange *a* hell und rein war. Beispiele sind:

a) *vā* wo, *dā* da, *blǭ* blau, *xrǭ* grau, *s.rǭp* schaf, *vapm* wappen, *sląpə* schlafe, *xrǭf* graf, *klǭvɒ* m. niedriger, weissblühender klee (nl. klaver), *klǭə* klane (mnd. klâwe, kläe), *kąm* kahm, *mǭtə* f. mass, *lǭtn* lassen, *snǭl* f. grenze eines feldes, ackers (mnd. snât), *blǭa* blatter (mnd. bladere), *s.crǭtln* pl. schnitzeln, abfälle (mnd. schrätele, schrädelink, *mǖskə* masche (and. mâsca, nl. maas, thüring. *mąšə*), *sprǭn* m. staar, spreche (ahd. sprän), *mǭn* mohn, *mǭnə* f. mond, *spǭn* spahn, *xǭn* gehn, *stǭn* stehn, *trǭnə* f. wagenspur, geleise, *svǭa* schwer (and. swar), *s.xǭlə* oberkasse (= nhd. schale, altn. skol), *pǭk* m. dickes kind (= schwed. påk 'knittel'?), *xǭʒl* m. zahnfleisch (and. gâgal 'palatum', ags. pl. ʒcaʒlas), *nǭ* nah, nach, *tą* zäh (mnd. tâ, ags. tōh).

b) *stǭl* stahl, *slǭn* schlagen (and. slahan, mnd. slân), *ǭa* u. ähre (and. aarīn 'spiccus').

§ 68. Auch das lange *a* in fremdwörtern ist zu *ǭ* entwickelt, wie in *plǭʒə* plage, *strǭtə* strasse, *saldǭtə* soldat, *salǭt* salat. — Bei den folgenden, aus dem griechischen und lateinischen aufgenommenen ist das ursprünglich kurze *a* später gedehnt und dann wie eine alte länge behandelt worden:

pǭta pater, *plǭtə* platte (c. plate), *plǭsta* pflaster, *pǭskfuīa* osterfeuer (mlat. pascha).

Auch die länge in *trǭn* thran (dän. schwed. tran) ist wol keine ursprüngliche.

ē³.

§ 69. Nach der entwickelung im heutigen dialekte haben wir drei mnd. *ē* zu unterscheiden, die ich durch die exponenten ¹, ², ³ bezeichnen werde. Das von mir *ē³* genannte erscheint jetzt als *ē* und wird in der mnd. orthographie stets durch *e* (resp. *ee*), aber niemals durch *ei*, wie die beiden andern, widergegeben. Es vertritt den *i*-umlaut von *ā* in isolirten formen, die kein *ā* (jetzt *ǭ*) mehr neben sich haben, z. b. in

trēʒə träge, *lēʒə* schwach, elend, kränklich (mnd. lēge, mhd. læge), *vāamētəric* wurmfrässig, -stichig (zu and. āt), *xəsētə* n. das sitzen eines kleides (= nhd. gesäss), *kēzə* käse, *scēa* f. schere, *inēa* n. eingeweide (ahd. inâdiri), *fēla* feil (ahd. fâli, feli) ¹), *fēln* fehlen, *tēsta* f. sehne, zaser, fetzen (mnd. tēster, Woeste: tâster, zu *tą* zäh?), *cēra* gesund, fest, tüchtig

---

¹ Würde als urgerm. *fēli-* oder *fēlja-* mit gr. *πωλέομαι* ablauten.

(= ahd. gäbe), *ləkvęm* bequem, *rəncmə* genehm, angenehm, leicht zu schneiden, *kēmə* käme, *plęstan* klatschend regnen (zu *plästa* § 68).

§ 70. Statt dieses *ę* erscheint dagegen ein *a͞e* auf dem wege der analogie neu gebildetes *a͞e* überall, wo in demselben paradigma oder in der wortbildung formen mit *ā* und *ē²* neben einanderstanden. *æ* steht also hier als uener umlaut neben *a͞* wie *ö* neben *ō* in *öla* etc., § 54 [1]).
Beispiele sind:
sræp — scæ͞pkn schaf — schäfchen, *nat — næ͞tə* naht — nähte, *mátə — mǣtic* mass — passend (= mässig), *ām — æ͞mm* atem — atmen, *spān — spǣnə* span — späne, *nā — næ͞ʒa* nah — näher, *ạ̄l — æ͞lə* aal — aale, *stāl — stæ͞lən* stahl — stählern, *andæ͞nic* zutunlich, anhänglich (gebildet von einem verlorenen *andan* zugetan, „angetan").

ē².

§ 71. Mnd. *ē²*, das gerade wie *ē¹* durch *e*, *ee* und *ei* ausgedrückt wird, hat sich zu *öͤ* entwickelt. Es vertritt unumgelautetes and. *ē =* wgerm. *ai*. Beispiele:
xlöͤpə f. ritze, spalt, fuge (mnd. glepe; mhd. gleif?), *ᵹröͤp* ich griff (mnd. grēp, mhd. greif), *blöͤf* blieb, *löͤmm* lehm (ahd. leimo), *höͤmə* heim, nach hause, *svöͤt* schweiss, *af-, unəsrö͞ët* ab-, unterschied (and. sceth), *klöͤt* kleid, *höͤt* heiss, *bröͤt* breit, *röͤskōp* geräthschaft (mhd. gereitschaft), *stöͤst*, *stöͤt* stehst, steht, *höͤsk* heiser (nl. heesch), *töͤzn* zupfen (ahd. zeisan, nl. teezen), *öͤn* ein, *böͤn* bein, *stöͤn* stein, *svöͤn* schweinehirt (mnd. swen, ahd. swein, altn. sveinn), *höͤlə* heil, *döͤl* teil (ags. däl), *spöͤ* spöttisch, höhnisch, falsch, feindselig (mnd. spē, spei), *klöͤ* klee, *snöͤ* schnee, *söͤlə* seele, *töͤvə* m. zeb, *röͤə* weh, *söͤ* see, meer, *öͤə* ehe, *stöͤ* stumpf (and. sleu), *röͤ* reh, *löͤnn* entlehnen, leihen, *tröͤ* 2, *öͤzn* eigen, *öͤkə* eiche, *döͤc* teig, *blöͤk* bleich, *röͤk* weich, *töͤkn* zeichen, *spöͤkə* speiche u. s. w.

ē¹.

§ 72. Mnd. *ē¹* ist zu *aē* geworden, und war wol ein hellerer laut als der vorige. Es vertritt a) den *i*-umlaut von and. *ē = wgerm. ai*, b) and. *ē =* ahd. *ea, ia*, anl. *ie*, c) and. *eo, io*, d) and. *eha*, e) die dehnung von and. *ë* in einigen einsilbigen wörtern. Beispiele:
a) *rəmaēn* gemein, leutselig, herablassend (ahd. gimeini), *klaēn* klein (ahd. kleini), *raēnə* rein (ahd. reini, and. hreni), *maēnn* meinen (and. mēnian), *klaēmm* aufschmieren, -streichen (ahd. chleimen), *blaēkə* f. bleiche (vgl. ahd. bleichi 'pallor'), *blaēkn* bleichen (anord. bleikja, ags. blǣcan), *vnaētə* weizen (and. hwēti), *sxaētə* f. scheitel (ahd. sceitila, nl. scheel), *xaēl* geil, üppig (setzt ein and. *gēli* voraus, vgl. lit. gailùs), *sxaēə* f. scheide (and. skēðia), *laēən* leiten (and. lēdian, ags. lǣdan), *spraēən* spreiten (ahd. spreiten, ags. sprǣdan), *raēə* bereit, fertig (ags. ʒerēde, abd. bireiti), *bəraēə* verb. bereite, *huēə* f. haide (g. haiþi, ags. hǣþ), *vaēnic* wenig (woneben *rēnic*, s. § 115), *kraēskn* öl sieden (g. *kraiskjan*, causat. zu mhd. krīschen 'kreischen'), *fuēzə* dem tode verfallen, nahe (and. fēgi, nhd. feige).

---

[1]) Vgl. auch Remsch. *dīn* etc., Beitr. X, 409 f. und Brandstetter, Die zischl. der mundn. v. Bero-Münster, s. 24.

b) *spǣzl* spiegel, *vuězə* f. wiege, *tnězələrizə* ziegelei, *taěkə* zieche, *kračkə* f. krieche, *haěɹ* hede, *luět* liess, *raět* riet, *slaěp* schlief.

c) *raěp* rief, *luěf* lieb, *daěf* dieb, *ruět* n. riet, rohr, *haěən* bieten, *luězə* v. lüge, *hədraězə* betrüge, *knuě* knie, *draě* 3 (and. threa, thria), *tuěə* ziehe, *tuěsk* liesch, schilf.

d) *taěn* 10, *saěn* sehn, *xəs.raěn* geschehn.

e) *haě* er (and. hē), *duě* der (and. thē), *vaě* wer (and. hwē, nl. wie).

Anm. 1. Statt *aě* steht *uě* in *möěən* mieten und *föě* vieh.

Anm. 2. *döělə* verb. teile statt *dəělə* ist natürlich nach dem grundworte gebildet, ebenso *svöětn* schwitzen nach *svöět*.

ī

§ 73. Mnd. *ī* = and. *ī* ist zum diphthongen *uī* geworden, Vgl. z. b. *vuīf* weib, *fuīf* 5 (and. fīf), *nuīpə* adv. genau, scharf, dicht (z. b. zusehen), (mnd. nīp), *duīmm* m. korn- oder heuhaufen auf dem felde (mnd. dīmen), *luīm* leim, *fruīthoəf* friedhof, *kvuīt* quitt, los, frei (nl. kwijt, engl. quite), *tə struīə* rittlings (vgl. e. to stride), *unvuīs* verrückt (nl. onwijs), *puduīzə* Paradiese, ein ehemaliges nonnenkloster, *òpm knuīzənəkn* strassenname (zu mnd. knīsenak 'ein starkes bier'), *knuīstə* f. dicker, eingetrockneter schmutz (Woeste: *knuīstə*), *xnuīzəric* geizig (ostfries. gnīser, knīser, nl. knijzer), *sxuīə* schier, lauter, rein, unvermischt (and. skīri), *sik ŏpsxuīən* sich aufheitern, aufklären, *spuīə* n. hälmchen, grasspitze (e. spire, nl. spier), *duīk* teich, *kruīc* krieg (nl. krijg), *fruī* frei, *huī*, *huīə* hie, hier (mnd. hīr, and. hīr neben hēr).

ö¹.

§ 74. Mnd. *ö¹* = and. *ō*, got. *ō*, ahd. *uo* ist zu *aö* entwickelt.

kaö kuh, *blaömə* blume, *raöt* russ, *faiɔ* futter, *aöst* m. aststück, knorren (nl. oest), *saöst* Soest (and. Sōsat, ahd. Suosaz), *haöstn* husten, *kruös* m. krug (nl. kroes), *kaöl* kühl (e. cool), *staöl* stuhl, *baŏk* buch, *daŏk* tuch, *xənaŏx* genug. *òptə laŏkə* f. halboffen, angelehnt, von türen u. fenstern (zu and. lōkon, e. to look?), *fəraŏklěəzn* verwahrlosen, vernachlässigen, verderben lassen (= „verruchlosen").

aě¹.

§ 75. Der umlaut des vorigen erscheint als *aě*:

kačkskn n. kleiner kuchen, *sačkn* suchen (and. sōkian, e. to seek), *baěkə* buche (mnd. bōke, e. beech), *ambaětn* heizen, feuer anzünden (and. bōtian, ags. fyr bētan, = nhd. büssen), *raětəric* russig, *maěə* f. begegnung (and. muoti, e. meeting), *cröəzəfaěə* f. die Gänseveihde, eine wiese bei Werl (e. feed), *faěə* fnder (and. fōther, warum *aě*?), *daěst*, *daět* tust, tut (ags. dēst, dēð), *maěnə* f. der Möhnefluss, *naěmə* nenne (nl. noemen).

ö².

§ 76. Mnd. *ö²*, das a) einem and. *ō* = wgerm. *au*, b) and. ags. *ō* = wgerm. *an* (vor *s* und *þ*) und c) in einigen einsilbigen wörtern einem gedehnten *o* entspricht, ist zu *eö* geworden.

a) *leöpə* laufe, *knëöp* knopf (= nhd. knauf), *beöm* baum, *brëöt* brot, *dëöt* tot, *stëötn* stossen, *pëötə* pfote, *pëöl* m. sumpf, pfütze, lache, *spëök*

spuk, gespenst (nl. spook, schwed. spöke). rēŭk rauch, ȫẕə auge, hȫẕə hoch (mnd. höge), flēŏ m. floh, frēŏ froh, lēŏm lohu.
b) cēŏs gans (ags. ʓōs, mnd. gōs).
c) sēŏ so, dēŏ da. damals (and. thō), jēŏ durchaus, jedenfalls, ja (mnd. jō, and. eo, io).

$\bar{u}^2$.

§ 77. Der umlaut des vorigen ist ȍë:
a) dȍëpə f. v. taufe (and. dōpi), rȍëpə f. verb. raufe (g. raupjan). lȍŭvə laube (vgl. mlat. laubia, ital. loggia), rlȍëvə glaube (and. gilōbian), fałȍëf verlaub (altn. leyfi), drȍëmə träume, hȍëmə bäume, brȍëtkn brötchen. tȍënə f. ladentisch (nl. toonbank, zu toonen 'zeigen'), tȍëpm u. hölzernes haudgefäss (mnd. lȍpen, zu ags. leáp, altn. laupr), krȍëze f. 'kröse', in wurstbrühe gekochte hafergrütze, vgl. Woeste nnter kröse (ahd. chrosi. nl. kroost), ȍëẕə n. nadelange, -öhr (vgl. öhr zu ohr!), drȍëẕə trocken (nl. droog, and. *drōgi), tȍëlə f. hündin (Woeste tȍle, and. *tōhilu, ahd. zōha), flȍëə pl. flöhe.
b) rȍëzə gänse, smȍëə weich, geschmeidig (mnd. smēëde, and. *smōði = ags. smēðe aus *smonþi, *smanþi, c. adv. smooth).

ū.

§ 78. Mnd. ū = and. ū oder ō ist zu iŭ geworden.
a) kriŭpə krieche (mnd. krupen), anhiŭpm erde anhäufen (mnd. hŭpen, ahd. hufōn), stiŭvə staube, kiŭm kaum, kliŭtə f. 1. erdscholle, 2. in wasser getauchter schneeball (nl. kluit), ceədrŭŭt Gertrud, stiŭtn m. 'stuten', eine art brote (mnd. stute, nl. stuit, zu nhd. steiss, so genannt wegen der form), sciŭtə f. spaten, grabscheit (mnd. schute, zu schiessen), miŭtn das gesicht waschen, abwischen (mnd. muten[1]), kniŭst m. klumpen, knorren (nl. knuist), piŭstn blasen (oberd. pfausten), miŭs maus, kiŭtə f. loch, grube (nl. kuil), iŭtə eule (ags. ūle, e. owl), sciŭtaŏkn die schule schwänzen (zu nl. schuilhock, 'versteck, schlupfwinkel'), sciŭt m. plötzlicher starker regenguss. iŭə uhr (e. hour, nl. uur), siŭə sauer, riŭə Ruhr, sciŭə m. 1. regenschauer, 2. obdach vor dem regen, siŭəlant das westfälische Süderland, „Sauerland" (and. sūðar-, nl. zuider 'südlich'). stiŭkn schlucken (mnd. sluken, schwed. sluka), kriŭkə f. kruke, krug (nl. kruik), tiŭkə luke (nl. luik), hiŭkə f. hocke, hockende, kauernde lage, hiŭkn hocken, kauern (nl. huiken, schwed. huka), niŭ nun (mnd. nū, e. now), dŭŭ du (e. thou).
b) mnd. ū ist durch einfluss des vorhergehenden w aus ō entstanden in wiŭ wie (mnd. wū, and. hwō).

ŭ

§ 79. Mnd. ū hat sich zu uī entwickelt, demselben diphthongen, der auch altes ī vertritt. Es entspricht wie das mhd. iu 1) dem i-umlaut von ū, 2) einem älteren diphthongen iu.
a) kuīm matt, leidend, schwach, gebrechlich (and. *kumi, zu kaum), stuīvə stutze, haue einen baum ab (altn. stýfa), duīvəkn täubchen, hruīmə bräutigam, fuīstə fäuste, knuīstə pl. von kniŭst, huīzə häuser, sxuītə

---

[1]) Zu lit. maudyti, gr. μέδος. s. Kuhns zeitschr. XXVIII, 282.

pl. von *sciûl*, *luinsk* launisch, *druīkə* Trautchen, *huīɑ* f. heuer, miete, *muīɑ* mauer (ahd. muri, mhd. miure), *luīɑsk* bäurisch.

b) *kuīkn* n. küchlein, hübnchen (nl. kieken, e. chicken[1]), *truī* treu (and. triuwi), *duīvl* teufel (and. diuβal), *duītsk* deutsch, *luīə* leute, *nuīᵴlik* niedlich (and. niudliko, niudнam), *duīsta* düster (and. thiustri), *duīɑ* teuer (and. diuri), *tuīr* zeug (ahd. giziuc), *stuīɑ* f. steuer (and. stiuria).

δ) Die diphthonge.

§ 80. Das mnd. besass drei diphthonge, *ei*, *au* oder *ou*, und *oi*. Im folgenden sollen nur diejenigen worte und formen besprochen werden, in denen sich jene verbindungen als diphthonge erhalten haben, während die fälle, wo aus ihnen kurzer vocal + *χ* fortis (*ėz̦*, *òz̦*, *öz̦*) hervorgegangen ist, später im zusammenhange mit ähnlichen erscheinungen zur darstellung kommen werden.

ei.

§ 81. Mnd. *ei*, das entweder einem and. *ei* oder *egi* mit vocalisirung des *g* entspricht, ist zu *aē* geworden:

a) *aē* ei, *klaē* klei, *laēəndeka* schieferdecker (and. leia).

b) *saēsə* sense (and. segisna, mnd. seisе, nl. zeissen), *aēsk* unheimlich, schauerlich, hässlich (mnd. eisen, eislik, and. ogiso, ags. ege).

au (ou).

§ 82. Mnd. *au* oder *ou* erscheint als *aö* in: *fraö* frau, *flaö* flau, *xaö* schnell, schlau (nl. gaauw, mnd. gowe), *bənaöt* beengt, beklommen, drückend, schwül (nl. benaauwd).

oi.

§ 83. Mnd. *oi* ist als *öē* erhalten nur in *höē* heu.

B. Veränderungen durch den einfluss eines folgenden *r.*

§ 84. Wie im englischen hat auch in unserer mundart *r* auf vorhergehende vocale stark verändernd eingewirkt, indem es dieselben trübte und dehnte. *r* blieb dabei entweder als *ɑ* erhalten, oder schwand ganz, und die durch dasselbe gedehnten vocale sind in vielen fällen gleich den alten längen zu diphthongen entwickelt worden.

α) Die kurzen vocale.

a.

§ 85. Mnd. *ar* ist nur in den fünf wörtern *pòthast* m. zerstücktes schweinefleisch (mnd. harst), *hast* barst, *dask* drasch, *hat* hart und *svat* schwarz — obliq. *hadə*, *svatə* — zu kurzem *a* geworden, sonst aber zu *ą̄*, *īą* oder *ā* gedehnt oder als *ar* erhalten.

1) Wenn auf das *r* ein *n* oder *d* folgte, so wurde es schon früh gedehnt, und entwickelte sich, dem *ā* = and. *ā* gleich, zu *ą̄*. Vor *n* erhielt sich *r* zu *a* vocalisirt, vor *d* schwand es im silbeninlaut, erhielt sich aber als consonant *r* im silbenanlaut. Beispiele sind:

---

[1] Siehe P. Br. Beitr. IX, 585 f. Morph. U. IV, 357 f. anm.

.xuan garu, *bat* bart, *häzns.rat* m. hasenscharte, *svatl* schwarte, *bārə* barte, beil, *.rūrən* garten.

Anm. *vatl* warze ist jedenfalls mit seinem *a* eine analogiebildung nach *svatl*.

2) In allen andern fällen ist *a* vor *r* in geschlossener silbe zu *ā* gedehnt, ausser vor gutturalen und labialen. z. b.:
xərū gewahr, *hā* bar, *kātə* karte, *tātə* torte (aus frz. tarte, vgl. ul. taart), *kārə*, *kā* karre, *uizmbū*, *krəzthū* f. eisen-, kegelbahn (= barre), *kādt* Karl. — Die beiden wörter *bū* bär und *vāvulf* werwolf haben schon im mnd. *a* aus *ë* entwickelt.

3) Folgt auf das *r* ein guttural oder labial, so wird von der älteren generation *ar* noch deutlich gesprochen, z. b. in *sark* sarg, *harkə* harke, *bark* m. 1. borke, 2. kruste auf geschwüren, grind (dän. bark), *s.rarp* scharf, *farvə* farbe, *arm* arm, von der jüngeren jedoch schon sehr häufig in *ā* verwandelt, also *sāk*, *ām* u. s. w. gesprochen. Solche leute unterscheiden dann auch im bd. die wörter *scharf* und *schaf* nicht.

ë.

§ 86. Mnd. *ë* hat sich vor *r* und *r*-verbindungen zu *ę̄*, *ęa* resp. *ęr*, *ęa* oder *ęa* entwickelt, je nach seiner stellung im silbenin- oder anslaut und der beschaffenheit der darauf folgenden lautcomplexe. Dabei ist *r* entweder ganz geschwunden, oder zu *a* vocalisirt oder — was stets im silbenanlaut der fall ist — als *r* erhalten.

1) Mnd. *ër* erscheint als *ę̄*, wenn das *r* im silbeninlaut stand und kein labial, guttural, *n*, *st* und *sk* darauf folgte. Beispiele:
stę̄t sterz, schwanz, *fęsə* ferse (and. fersna) *kę̄l* kerl.

2) Mnd. *ër* wird im silbeninlaut vor *n*, *d* und *r* zu *ęa*; wenn das *r* aber durch verstummen des *d* in den anlaut der folgenden silbe zu stehen kommt, zu *ęr*. Beispiele:
ęan gern, *kęan* kern, *ęanst* ernst, *hęat* herd, *vęat* wert, *vęat* wirt (and. wërd), *ęan* dat. von *ęrə* erde, *vęan* inf. von *vęrə* werde, *stęan* stern (and. sterro), *fęa* fern (and. ferr), *fan fęrinəs* von fern, von weitem.

3) Mnd. *ëre* wird in zweisilbigen worten, *ër* inlautend vor labialen und gutturalen zu *ęa*, resp. *ęar*. *tęa* teer, *hęa* her, *smęa* schmeer (vgl. altn. tjara, ahd. hëra, smëro), *svęarə* f. schwäre, geschwür (ahd. swëro), *kęaf* m. kerb, *scęaf* n. scherbe, *fadęarə* verderbe, *stęavə* sterbe, *vęak* werk, *hęax* berg, *tvęax* zwerg. Wegen *lęa* leder etc. vgl. § 107a.

4) Mnd. *ër* im silbenauslaut vor *t*, *st*, *sk* und *s* aus *hs* erscheint als *ęa*, einerlei, ob diese lautfolge vor altersher bestand, oder erst durch metathesis von *rë* zu *ër* geschaffen worden ist. Vgl. z. b. *hęatə* herz, *smęatn* schmerzen, *cęastə* gerste, *tvęas* quer, eigensinnig, schlecht gelaunt (mnd. dwers, mhd. dwerhes), und ebenso *bęastn* bersten (ahd. brëstan), *dęaskn* dreschen.

e.

§ 87. Wie oben § 59 ff. nachgewiesen ist, waren and. *e*, der *i*-umlaut von *a*, und and. *i* in mnd. *e* zusammengefallen, und werden daher hier auch ungetrennt behandelt.

Mud. *er* erscheint in fünffacher gestalt: als *iëə*, *ę̄*, *ęa* resp. *ęr*, *ęa* resp. *ęar* und *ęa*.

1) Vor *n* und *d* wird das bei zweisilbigen wörtern ursprünglich im silbenauslaut stehende *er* zu *ŏẽa*, d. h. *e* wurde zunächst zu *ē¹*, dann zu *ē²* gedehnt und gleich letzterem diphthongirt, wobei sich *r* als *a* erhielt. Beispiele sind:

hŏẽan hirn (ahd. hirni), *sxŏẽaliŋk* schirling (and. skerning), *hŏẽa* hirte (and. hirdi).

2) Vor einfachem *s* wurde *e* zu *ē³* gedehnt und wie dieses zu *ę̃* entwickelt, wobei das *r* in dem vorhergehenden vocal (oder dem folgenden dental?) unterging. Hierher gehören: *ę̃s* arsch (mnd. ers), *pę̃zək*, *pę̃skə* pfirsich.

3) Ebenfalls *ę̃* aber mit dem vor *n* als *a* bewahrten *r* erscheint in dem einsilbigen worte *tvę̃an* zwirn, dem sich das aus dem hd. entlehnte *stę̃an* stirn — ein and. *stirna* hätte nach 1) *stŏẽan* ergeben — angeschlossen hat.

4) *ęa*, resp. *ęar* tritt ein in zweisilbigen wörtern, wo *r* im anlaut der zweiten silbe stand oder wo auf *er* ein labial oder guttural folgt. *ęa* ihr, d. sgl. f. (and. iro), *ęarə* ihre, *bęarə* birne (mnd. bere, ahd. bira), *smęarə* schmiere, *nęarə* niihre, *vęarə* wehre, *fatęarə* verzehre, *męarə* mähre, *kęarə* kehre, fege, *hęamm* Hermann (and. Heriman), *ęaml* ärmel, *ręama* würmer, *ęavə* erbe, *cęavə* gerbe, *ęaftə* erbse, *męakə* merke, *kęakə* kirche, *bęakə* birke, *ęazan* ärgern, *tęazn* zergen. Wegen *ręa* räder etc. s. § 105.

5) Vor *t* und *s* impura tritt *ęa* ein:

hęatəbòk 1. hirschbock, 2. ein gebäck. (mnd. berte), *kęaspl* kirchspiel.

Anm. Warum heisst es aber *kęasə* kirsche, und *pęat*, obliq. *pęarə* pferd (and. porid)?

o².

§ 88. Die entwickelung des mnd. *o²* = and. *o* vor *r* geht parallel derjenigen von *ē*; es wird zu *ā̃*, *n̄a* oder *ọa*, wobei das *r* entweder schwindet oder sich zu *a* wandelt, das dann im silbenanlaut wider als *r* erscheint. Wir unterscheiden vier fälle:

1) Mnd. *or* wird zu *ā̃* in *pā̃tə* pforte und *fats*, *fā̃tns* sofort, auf der stelle, also vor einfachem *t* = and. *t* oder *ð*.

2) Im silbeninlaut wird *or* vor *n* und *d* in einsilbigen wörtern zu *n̄a*; wird das wort durch flexion zweisilbig, so tritt im silbenanlaut das alte *r* wider hervor und wir erhalten dann die lautgruppe *n̄-r*. Dass hier nicht dem *ęar* (vgl. oben § 86, 3) entsprechend *ā̃ar* entsteht, erklärt sich leicht daraus, dass bei dem übergange von dem dunkeln vocale *ā̃* zu *r* die bildung eines gleitelautes nicht nötig war, dagegen zwischen dem palatalen *ę̃* und dem uvularen *r* ein solcher bei dem charakter unserer mundart als einer breit und schwerfällig artikulirenden notwendig eintreten musste. Beispiele sind:

kā̃an korn (collect.), *vn̄at* — *vn̄arə* wort — worte, *ā̃at* n. ort, ¹/₁ mass (nl. oord, and. ord), *bn̄at* bord, rand, saum.

3) *or* wird zu *ọa* resp. *ọ̄r*, wenn auf das *r* entweder kein consonant, oder ein labial, guttural oder *r* folgt.

spọ̄a spur (ahd. spor), *bọ̄a* bohrer, *sxọ̄a* schafschur, *dọ̄ap* dorf, *kọ̄af* korb, *sxọ̄af* schorf, *stọ̄ak* storch. *fọ̄akə* forke, *snọ̄akn* schnarchen (mnd. nl. snorken), *bọ̄azn* borgen, *sọ̄azə* sorge, *mọ̄azn* morgen, *knọ̄an* knorren, *smȫrə* schnüre, *xlȫru* glimmen, glühen, leuchten (nl. gloren), *falȫrn* verloren, *bȫrn* geboren.

4) Mnd. *or* vor *st* und *sk* ist zu *oa* geworden — es steht in allen hierher gehörenden worten durch metathesis für älteres *ro*. Beispiele sind:

boastn geborsten, *foast* frost (nl. vorst), *foask* frosch, *doaskn* gedroschen.

ö¹.

§ 89. Der umlaut des mnd. *o¹* vor *r* und *r*-verbindungen entwickelt sich unter denselben bedingungen wie der grundvocal entsprechend als *ē*, *ēa*, *ḡa* resp. *ḡar* — hier erscheint wider *a* als gleitelaut wie zwischen *ē* und *r* — und *oa*.

1) *ē* vertritt altes *ör* in *pērtkn* pförtchen und *pēetn* durch die tür (pforte) beständig ein- und auslaufen.

2) Vor *n* und *d* dagegen steht *ēa*: *dēan* dorn, *kēan* einzelnes getreidekorn, *hēan* horn (alle drei haben den umlaut durch ausgleichung nach dem plural), *vēatkn* wörtchen, *bēatkn* bördchen.

3) Vor *r* + labial oder guttural haben wir *ḡa*, z. b. in *dḡapa* dörfer, *kḡara* körbe, *stḡaka* störche, *ḡazl* n. orgel (umlaut wegen umbildung des lat. organum zu *orgil nach analogie der zahlreichen bildungen mit dem suffix -*il*), *fḡaza* vorige.

4) *oa* steht vor *st* und *sk* in den metathesis zeigenden wörtern *foastəric* frostig, *foaska* frösche.

ö².

§ 90. Wie das mnd. *e²* (= and. *i*) sich auch in seiner entwickelung vor *r* von dem alten *ë* noch deutlich unterscheiden liess, so ist auch *o²* = and. *u* und dessen umlaut anders behandelt als *o¹* und *ö¹*. Es erscheint jetzt unter den verschiedenen sich stets widerholenden bedingungen als *ēa*, *ḡa* oder *ḡr* und *oa*. Wir unterscheiden hier drei fälle:

1) In einsilbigen worten entweder ohne folgende consonanz oder vor *n* und *d* wird ans- oder inlautendes mnd. *o²r* zu *ēa*, z. b.: *spēa* trocken, spröde, brüchig (and. *spur, vgl. ahd. spor, nhd. spor m.), *ēasāka* ursache, *tēan* turm, *fēal* furt, durchfahrt.

2) Vor labialen und gutturalen erscheint *or* als *ḡa* resp. *ḡr*: *vḡam* wurm, *hḡax* 'die Borg', strassenname (= burg), *fḡrə* 1. furche, 2. weg zwischen gartenbeeten.

3) Vor *t* und *s* impura endlich haben wir den kurzen diphthongen *oa* sowol als vertreter von ursprünglichem *ur* wie von älterem *ru*: *koat* kurz, *foat* furz, *voatl* wurzel, *doast* durst, *voast* wurst, und ebenso *hoast* brust, *koasta* kruste.

Anm. Gehört hierher auch *doatka* f. drohne?

ö².

§ 91. Als umlaut des vorigen erscheint regelmässig *ȫa*, *ḡa* oder *ḡar* und *oa*.

1) Vor *n* und *d* wurde mnd. *ö²r* zu *ö²r* gedehnt und wie altes *ē* — der umlaut von *ō²* = wgerm. *au* — zu *ȫa* diphthongirt, vgl.

tõrans türme, *hõẽa* hürde, *hõẽa* bürde, tracht holz, hörde, *baëknfõẽa* Böckenförde, ein dorf (d. sgl. von furd).

2) In offener silbe vor einfachem *r* sowie vor *r* + labial oder guttural erscheint *ḡa*, resp. *ḡar*:

fḡa für, vor, *dḡa* durch (ahd. durih), *spḡarə* spüre, *bḡarə* hebe, trage (altn. byrja, nl. beuren, mnd. bören), *stḡarə* schleppe, schleudere (nl. sleuren), *kḡask* wählerisch (adj. zu ags. cyre, mnd. köre, nl. keur 'wahl'), *kḡapkə* Körbecke, ein dorf (and. Kur-beki, zum vor.), *mḡa* mürbe, *bḡaga* bürger, *vḡamə* würmer.

3) Vor *t* und *s*-verbindungen steht *ḡ*, einerlei ob *ür* alt oder durch metathesis entstanden ist, z. b.:

kḡata kürzer, *stḡatn* stürzen, *scḡat* u. schürze, *bḡasl* bürste, *dḡastərıc* durstig, *rḡastə* würste; und ebenso *kḡastkn* krüstchen, *dḡaskn* dröschen (g. þruskeina). — In *bḡann* tränken, *opbḡann* aufziehen (z. b. ein kalb), *fulbḡann* betrunken machen (alle zu and. brunno, mnd. borne) ist die alte kürze ebenfalls bewahrt.

β) Die langen vocale.

§ 92. *ū*, *ē³* (der umlaut des vor.), *ī*, *ū* und *ü* sind durch folgendes *r* in ihrer regelmässigen entwickelung resp. diphthongirung nicht gestört worden[1]), vgl.

hḡa haar, *scḡa* schere, *fuḡa* feier, *bḡa* bauer, *suḡalik* säuerlich, *stuḡa* steuer (and. stiuria), wol aber die übrigen mnd. längen: *ē²*, *ē¹*, *ō¹*, *ō̄¹*, *ō²* und *ē²*. Sie sind nämlich zum teil nicht zur diphthongirung gekommen, zum teil durch das *r* um eine stufe verschoben worden.

ē².

§ 93. *ē²* (= and. *ē*, wgerm. *ai*) ist vor *r* zu *ē³* geworden und gleich dem umlaut des alten *ū* (vgl. oben § 69) in *ē̄* übergegangen, wobei *r* im auslaut zu *ə* wurde, im silbenanlaut erhalten blieb, vgl.

ḡa eher, *mḡa* mehr, *hḡa* herr, *bḡa* bär, eber (e. boar). *kḡarə* kehre, wende, *lērə* f. lehre, *ḡrə* ehre.

ē¹.

§ 94. Mnd. *ē¹* ist durch folgendes *r* zu *ē²* verschoben und somit zu *ōē* diphthongirt worden. Es entspricht

a) dem *i*-umlaut des and. *ē* = wgerm. *ai* in *ōëstə* erste (ags. *ērestu*), *mōëskə* 1. meiersfrau, 2. dickes weib (= nhd. „meiersche", gebildet mit dem suffix -*iskā*), *rōëan* 1. fallen lassen, rinnen l., verstreuen, vergiessen, 2. in menge fallen, herab-, herausrieseln (ahd. rēren, ags. rēran, g. raisjan).

Anm. *lērən* lehren, lernen, ist natürlich eine neubildung zu seinem grundwort *lērə*.

b) einem and. *eo*, *io* in *fōëa* 4, *hōëa* hier, *nōëa* niere, *dōëanə* dirne, magd, mädchen.

---

[1]) Letztere unterbleibt bekanntlich im unl. bei *i* und *ü* + *r*.

$ō^1.$

§ 95. Mnd. ō¹ = wgerm. ō, ahd. uo ist vor r zu ō² und gleich diesem jetzt zu ȫ geworden, vgl.

brōa bruder, mōa mutter, fōa fuhre, ladung, kōat Kordt, familienname (= Konrad), snōa schnur, hōa hure, fōat pp. gefahren (= mhd. gevuort, 'geführt'), rōat gerührt (= mhd. geruort).

$ȫ^1.$

§ 96. Der umlaut des vorigen ist regelrecht ȫ, entstanden durch verschiebung von ō¹ zu ȫ²:

brȫas brüder, mȫakn mütterchen, snȫen schnüren, fȫan fahren (= führen), rȫen rühren, frȫa früher.

Anm. Letzteres hat auf seinen positiv eingewirkt, indem man frȫ, frȫn (= früh, fruh, mhd. vruo) statt des zu erwartenden *fraȫ, *fraȫ sagt. frȫ verhält sich zu frȫa wie vit weiss, albus zu vita, vitsta (vgl. unten § 117), ȫla zu ql, ōla zu ōlt (s. oben § 70 u. 54). In der adverbialform, die keinen umlaut hatte, musste natürlich ȫ eingeführt werden, weil dieses stets als grundvocal dem umlaut ȫ gegenüber steht, wie in hōm, bȫma baum, bäume.

$ō^2.$

§ 97. Wie ē² vor r an der diphthongirung verhindert wurde und sich zu ē entwickelte, so wurde dementsprechend mnd. ō² = wgerm. au vor r zu dem lautwerte des ā herabgedrückt und gleich diesem zu ā. Beispiele sind: āa ohr (im Soester Daniel aer geschrieben), hāa, hāat hörte, gehört (mhd. hörte, gehört).

$ȫ^2.$

§ 98. Wie ā, ē², ī, ū und ü blieb auch mnd. ȫ², der umlaut von wgerm. au, durch folgendes r unbeeinflusst, verdient aber besondere hervorhebung, weil ein teil der hierher gehörigen worte durch systemzwang eine neubildung des umlautes erlitten hat. Wir unterscheiden daher:

1) die isolirten formen, welche kein ō² (ā) + r mehr neben sich hatten und somit unbeeinflusst regelrecht ȫ entwickelten, wie

rȫa n. röhre, rohr (wohl die bildung des ersteren, das geschlecht des zweiten nhd. wortes), stȫan stören, lȫa löher, lohgerber,

2) solche worte, die mit formen ohne umlaut noch in deutlicher beziehung standen. Diese haben dann als umlaut zu ā ein ā neugebildet, vgl.

hāra höre, hāast hörst u. s. w., xahāa gehör, āakn öhrchen.

C. Dehnungen.

I. Vor ʒ und v.

§ 99. Mnd. tl. e (= and. e und i), o² und ö² (= and. u) sind vor ʒ und v in offener betonter silbe zu ia, ūa und ya, also langen diphthongen, entwickelt worden, während sie ja sonst nur als ia, ua und ya erscheinen. Der grund dafür ist in dem charakter der beiden spiranten, die mit schwacher engen- und geräuschbildung, dagegen mit starker stimmbandarticulation gebildet werden, zu suchen. In benachbarten dörfern sind sie daher in intervocalischer stellung — gerade wie bei uns *d* — ganz geschwunden.

Tl. *e*.

§ 100. a) *iə* erscheint vor *z* in:
iəzə f. egge (and. egitha), *hiəzə* f' hecke (mnd. hege, ags. hege, e. hay-), *viəzn* bewegen, *sik riəzn* sich regen, *fliəzl* flegel, *ciəzn* gegen, *kiəzl* 1. kegel, 2. kittel (mnd. kedele), *kriəzl* kregel, munter, *siəzl* sigel, *niəzn* 9 (and. nigun, mnd. negen), *riəzl* riegel, *iəzl* igel;
b) vor *v* in:
fiəvə f. hündin (altn. tefja, mnd. teve, nl. teef), *hiəvə* hebe, *hiəvl* hebel, *kniəvl* knebel, *kriəvət* krebs, *siəvn* 7, *ciəvl* gibel, *biəvə* bebe (alts. bibon), *niəvl* nebel (ags. nifol adj., altn. nifl-, ahd. nibulnissi, Nibulunc), *stiəvl* stiefel, *ciəvə* gebe (e. to give), *bliəvə* bliebe, *driəvə* triebe u. ähnl.

Tl. *o²*.

§ 101. *uə* steht für altes *u* in:
küəzl kugel, *füəzl* vogel (and. fugal), *süəzə* san (and. snga).

Tl. *ö²*.

§ 102. *ÿə* erscheint als umlaut des vorigen:
a) vor *z* in
büəzl bügel, *fÿəzl* vögel, *küəzlkn* kügelchen, *sÿəzə* süne, *müəzəl* mögt, *lÿəzə* f. lüge, *tÿəzl* zügel, *dÿəzul* tüchtig (part. praes. von taugen, nl. deugen), *flÿəzn* flügen, *sÿəzn* sögen etc., *prÿəzln* prügeln;
b) vor *v* in:
scÿəvə schöbe, *stÿəvə* stöbe, *hÿəvl* hobel (schwed. hyfvel), *ÿəvl* übel.

II. Dehnung durch ausfall eines intervocalischen *d*.

§ 103. Schon im späteren mnd. war das *d* zwischen vocalen geschwunden, wobei die vorhergehenden kurzen, oder vielmehr damals tonlangen vocale eine dehnung erfuhren. *a* wurde durch dieselbe nicht weiter verändert, denn es heisst heute z. b. *lūə* lade, *fām* faden gerade wie *sūkə* sache etc., wol aber *ë*, *o¹*, *ö¹*, *e* und *ö²*, und zwar die drei ersteren weniger als die zwei letzteren. Jene wurden nämlich zu *ẽa*, *õa* und *ÿa*, statt zu *ɛa*, *ɔa* und *ɶa*, diese dagegen durch eine anzunehmende mittelstufe **iə* und **ÿə* — wie sie jetzt vor *z* und *v* erscheint — zu dem diphthongen *ui*, sind also in ihrer entwicklung vollständig mit den mnd. längen *ī* und *ü* zusammengefallen. Aber auch hier wird die regel mehrfach wider durch analogiebildungen in folge von systemzwang durchkreuzt und gestört.

Tl. *e*.

§ 104. Nur in isolirten formen hat sich mnd. tl. *e* = and. *e* und *i* zu *ui* entwickeln können. Solche sind:
stuiə stätte (and. stedi), *kuiə* kette (mnd. kede, kedene, aus roman. cadëna), *luic* leer (= ledig, mhd. lidic, altn. lipugr), *nuiəndiə* die grosse tür an der tenne („dele") des westfäl. bauernhauses (eigentl. niedentür),

snuiə verb. f. schmiede, *snuiə* brotschnitte (mnd. snede), *sluiən* schlitten (mnd. slede), *vuīa* wider.

Anm. *kittel* heisst nicht wie nach mhd. kitel, mnd. kedele, nl. keel, kiel zu erwarten wäre *kuiəl, sondern *kiəɣl*; s. oben § 100.

§ 105. Während somit and. *e* und *i* sich vor *d* in isolirten formen ganz gleich entwickelt haben, nahmen sie bei der beeinflussung und neubildung durch die nicht umgelauteten oder kürzeren formen desselben paradigmas eine ganz verschiedene lautform an. Wir müssen sie daher getrennt behandeln.

e = wgerm. *a*, and. *e* wurde zu *ęa*, *ęa*, wenn noch formen mit *a* daneben standen, gerade wie der nicht gedehnte umlaut des letzteren durch systemzwang *ęa* ergab (vgl. oben § 61). Beispiele sind:

1) für *ęa*: *fām — fęamə — imfęamm* faden — fäden — einfädeln, *svām — svęamm* schwaden — schwaden verbreiten;

2) für *ęa*: *ręa* räder, zu *rat*, *blęa* blätter, neben *blā*, zu *blat*, *plęarn* 1. wasser ausschütten, 2. stark regnen (aus *plederen*, vgl. hildesheim. *et pladdert*), *plęa* m. wasser-, regen-guss. Dass diese entwickelung zu *ęa* auf rechnung des folgenden *r* gesetzt werden muss, lehrt deutlich die vergleichung mit § 87, 4.

§ 106. Th. *e* = wgerm. and. *i* ist durch systemzwang scheinbar auf der dem *ui* in isolirten formen zunächst vorhergehenden stufe *ī* stehen geblieben und also nicht zur diphthongirung fortgeschritten, d. h. in wirklichkeit ist durch anschluss an ähnliche bildungen das *ī* widerhergestellt worden. Die beeinflussung kann durch formen desselben paradigmas oder durch gleichartige bildungen paralleler reihen geschehen; den letzteren fall, als den hier einfacheren, lassen wir vorangehen.

a) Nach formen wie *biətn* pl. prät., *biətə* opt. prät., *biətn* part. prät. von *buitn* heissen, *bliəvə*, *bliəvn* bliebe, blieben, geblieben zu *bluivə* u. a. m., wurde das bei dem ausfall des folgenden *d* gedehnte und bereits auf dem wege zu *ui* befindliche *ī* wider uen eingeführt bei *ri'ən* ritten, geritten, *snī'ən* schnitten, *li'ən* litten. — Der apostroph hinter dem *ī* soll bezeichnen, dass das wort zweisilbig als *snī-ən* und nicht etwa mit dem diphthongen *iə* zu sprechen ist.

b) Die alten masc. *i*-stämme des and. und mnd. (vgl. z. b. and. finti 'liquor', mnd. trede 'tritt') sind in der modernen phase unserer mundart in die analogie der *a*-stämme übergegangen und haben damit die endung des nom. sgl. abgeworfen. Ehe letzteres aber geschah, war einerseits das inlautende *d* noch vorhanden, andererseits das vorhergehende *e* bereits tonlanges *ē* geworden. Jenes ergibt sich daraus, dass *t* als der jetzt auslautende consonant erscheint, dieses aus dem diphthongen *iə* der nom. sgl.-form. In den casus obliqui hätte sich nun tl. *e* durch *ī* zu *uī* entwickeln sollen, wie bei *sluiən* schlitten, aber derartig konnte man so nah zusammengehörige formen sich lautlich nicht scheiden lassen und *ī* wurde statt *uī* im anschluss an die *iə*-formen wider eingeführt. Es heisst z. b.

snist — snī'ə schnitt — schnitte (mnd. snede) — vgl. aber *snuiə* f. brodschnitte oben § 104 —, *sxriət — sxri'ə* schritt, *riət — rī'ə* ritt, *triət — tri'ə* tritt.

Tl. ē.

§ 107. a) Vor *d* wird *ē* zu *ẹ̄a* gedehnt, vgl. *bẹ̄an* beten, *trẹ̄an* treten, *knẹ̄an* kneten, *ẹ̄an* jäten (and. gēdan), *prẹ̄akə* predige, predigt (anl. prēdicon), *təfrẹ̄an* zufrieden (vgl. and. Frēthu- in eigennamen), *brẹ̄a* bretter (mnd. breder), *lẹ̄a* leder, *wẹ̄a* wetter, *hẹ̄ak* hederich, *fẹ̄arə* feder (and. fethara). Zu den letzteren worten vgl. § 86, 3.

b) Langes *ē* erscheint in der einzigen form *dē* tat (mnd. dede).

Tl. *o*¹.

§ 108. Mnd. tl. *o*¹ = and. *o* wird durch schwund eines *d* zu *ọ̄a* gedehnt, z. b.

rọ̄an roden, *bọ̄an* geboten, *dọ̄a* dotter, *knọ̄an* hinunterkneten, schlingen, würgen (altnord. knoða), *lọ̄an* pl. schösslinge, junge zweige (mnd. loden).

Tl. *ö*¹.

§ 109. Der umlaut des vorigen ist *ọ̈a*: *dọ̈akn* n. kleines eidotter. Warum aber *hoam*, *boamə* boden. böden?

Tl. *ö*².

§ 110. Mnd. tl. *ö*², der umlaut von and. *u* ist in allen isolirten formen vor *d* durch *ȳ* hindurch zu *uï* entwickelt: *ruïə* rüde, hund (mnd. röde, nl. reu), *buïə* blütte (mnd. böde, böden), *kuïan* schwätzen, sprechen (mnd. köderen aus *küderen = and. *quidiron zu quidi 'rede', vgl. wangerog. quidderen).

§ 111. Die vorstufe *ȳ* ist dagegen in *bÿ'ən* böten durch den einfluss von formen wie *scȳəvn* schöben, *cyətn* gössen von neuem wider hergestellt worden.

D) **Kürzungen.**

I. Vor doppelconsonanz und fortis.

§ 112. Schon im mnd. wurden lange vocale vor doppelconsonanz und fortis verkürzt, oft ist aber wegen der mangelhaften orthographie jener zeit die quantitätsänderung nicht deutlich zu erkennen. Die eine oder andere mag auch erst später eingetreten sein, und darum gebe ich im folgenden eine möglichst vollständige zusammenstellung der kürzungen, die ja für die mnd. grammatik besonderen wert hat. Die sicher noch im and. bestehenden längen sind dabei als grundlage genommen.

ā.

§ 113. 1) Altes langes *ā* ist zu *a* verkürzt in *daxt* docht, *saxtə* sanft, leise, angenehm, *braxtə* brachte, *daxt* gedacht.

2) Vor *n* und *m* dagegen ist es zu *u* geworden in *mundax* montag, *numədax* nachmittag, *brumatə* brombere.

*ē*³.

§ 114. Der umlaut des langen *ā* ist zu *e* verkürzt in *meazmblaemakn* Marienblümchen (and. Māriun-), *dectə* dächte, *brectə* brächte, rist rittst, *lèt* er lässt und ähnlichen in der formenlehre zusammengestellten verbalformen.

$\bar{e}^2$.

§ 115. Dasselbe gilt von and. $\bar{e}$, wgerm. *ai* (mit oder ohne *i*-umlaut):
1) *ēct* echt (ahd. ehaft), *dēlt* geteilt, *ēma* einer, *stēmpat* steinpfad, bürgersteig, trottoir, *stēmfelzn* steinfelsen in der erde, *stēŋkiūlǝ* steinbruch, *rēnic* wenig¹), *ēns* eins, einig, *sēnst* f. langsames frauenzimmer (zu mhd. seine), *mēnt* gemeint, *lēnt* entlehnt, geliehen, *ēlf* 11, *klēna*, *klēnsta* kleiner, kleinste, *klēnrògn* m. brot aus feinem roggenmehl, *ēta* eiter, *fēt* feist, fett, *hrēdǝ* f. breite, *lēt* geleitet, *sprēdǝ* spreitete, *bǝrēdǝ* bereitete, *klēt* gekleidet, *lēda* leiter, *mēsta* meister, *cēadrūit* Gertrud.
2) Vor *l* und *n* dagegen ist es schon zum teil in mnd. zeit zu *i* geworden, vgl. *hilgnslukka* „heiligenschlucker", frömmler, mucker (mnd. hilligenbiter), *itabēsta* allerbeste (wol durch anlehnung an *alabēsta* statt *ilkabēsta, aus *elkerbeste*; mnd. elk, ellik, culik, ēnlik — mhd. einlih), *tvintic* 20 (and. twēntig, mnd. twentich, twintich), *hinnk* Heinrich.

$\bar{e}^1$.

§ 116. Mnd. $\bar{e}^1$ hat dasselbe schicksal erfahren, denn $\bar{e}$ erscheint
1) für and. $\bar{e}^1$ in *mēst*, *mēt* mietest, er mietet,
2) für and. *eo*, *io* in
lēct liebt, *dēnst* m. dienst, *dēpta* tiefe (e. depth), *fēadl* viertel, *fēatic* 40.
Anderes siehe in der formenlehre.

Anm. Schon in mnd. zeit tritt an stelle der letztgenannten and. diphthongen *ū* auf bei *yma* immer und *nymas* niemand; *i* dagegen bei *nit* nicht, *ictus* irgendwie (mnd. icht, ichtes).

$\bar{\imath}$.

§ 117. And. *i* ist zu *i* verkürzt, vgl.
fiftic 50, *drifst* treibst, *bit* er beisst, *rist* reissest, *xrint* weint (inf. *xruinn*), *frist* f. rist, fussspann (e. wrist, färöisch *reist*)²), *vita* weisser, *linn* leinen (and. liniu), *viŋkòp* weinkauf, *bicta* beichte, *dicta* dicht, *licta* leicht, *stict* er steigt.

$\bar{o}^1$.

§ 118. Mnd. $\bar{o}^1$ ist zu *ò* verkürzt; beispiele sind:
mòst musst, *sòxta* suchte, *hòfta* brauchte, hatte nötig (e. behooved), *stònt* stand (ahd. stuont), *spòlt* gespült, *fòlt* gefühlt, *hòda* hütete, *blòda* blutete, *hòda* heizte (prät. von *buēln* = ags. fyr betan).

---

¹) Daneben *vačnic*. Ursprünglich verteilten sich die formen so, dass im nom. die längere *račnic* stand, in den ursprünglich dreisilbigen casus dagegen, die durch synkope des mittelvocals *i* zweisilbig geworden waren, die kürzere: *rēŋa*, *rēŋam* aus *wen(i)ge*, *wen(i)gem*. Nachher trat ausgleichung ein, indem das *i* wider durchgeführt und formen mit *ač* und *č* ohne unterschied neben einander gebraucht wurden. Dasselbe verhältnis erscheint in *manicmal* manchmal neben *maŋast* zuweilen, mitunter.

²) Vgl. Noreen, Färömålets ljudlära § 133.

ō¹.

§ 119. Der umlaut des vorigen ist ö:
söctn opt. suchten, *stöntn* stünden, *hödn* opt. hüteten u. s. w., *nöctan* uuchtern.

ō².

§ 120. Mnd. ō² = and. ō², wgerm. *au* ist gerade wie ō¹ zu *ö* verkürzt, vgl.
döftə taufte, *drömt* geträumt, *löst* gelöst, *bənöt* benötigt, bedürfend (eigentl. part. prät. zu and. nōdian, ahd. nōten), *höxt* gebeugt, gebogen, *höxtuït* hochzeit.

Anm. Neben *löös* loos gibt es eine nebenform mit kurzem vocal: *los*. Entweder ist diese im anschluss an *lost* 'gelöst' entstanden, oder sie repräsentirt die gestalt, in welcher dieses wort als erster teil von compositis vor consonanten erscheint, wo daher mnd. *o²* vor doppelconsonanz zu stehen kam. Solche sind z. b. *lösdrèxn* losdrehen, *lösxən* losgehen, *löskuəmn* loskommen u. s. w. — Auch im nnl. heisst es *los*.

ō̇².

§ 121. Der umlaut des vorigen ist *ö* wie bei ō̇¹, vgl.
höctə höhe (e. height), *höcstə* höchste, *drüctə* trockenheit, dürre (nl. droogte), *vuitlöftic* weitläuftig, *döftə* opt. taufte; *cösl* gänschen (demin. zu *cèös*); *pöpl* pappel (lat. pōpulus, mit umlaut wie *ŋagl*, s. § 89, 3).

ū.

§ 122. Verkürzung eines alten *ū* zu *u* liegt vor in
drubl m. 1. traube; 2. haufe (md. trübel), *lustən* lauschen, horchen (nl. luisteren, zu and. hlūst), *ludə* 1. lautete, 2. läutete, *duxtə* däuchte (g. puhta), *fuxt* feucht (ags. fuht), *uxtə* f. morgendämmerung, — arbeit, weihnachtsfrühmesse (and. ūhta).

ū̇.

§ 123. Mnd. ū̇, der umlaut des vorigen oder die fortsetzung von and. *iu* ist
1) zu *y* verkürzt:
a) *scyfst* schiebst (ags. scýfst), *slyt* er schliesst (and. *slūtid), *fyctə* f. feuchtigkeit, feuchtes wetter (and. fūhtitha, nl. vocht);
b) *fryst* frierst, er friert (and. friusis, friusid), *cyt* er giesst (and. giutid), *bədrycst* betrügst (and. bidriugis).
2) Vor *n* und *c* tritt dagegen *ö* statt *y* ein bei *frönt* freund, *söct* m. seufzer, *söctn* seufzen, *löctə* leuchte.

Anm. Da auch alle isolirten formen mit vocalkürzung vor doppelconsonanz den umlaut haben, so muss dieser eher eingetreten sein als jene reducirung der quantität.

II. Kürzung durch entwickelung eines *z* fortis.

§ 124. Die mnd. langen vocale ē², ē̇², ī, ō̇¹, ū und ū̇ nebst den diphthongen *ei, au* und *eu(oi)* sind in offener silbe vor vocalen zu kurzen vocalen mit *z̧* fortis geworden. Es entstanden nämlich daraus die verbindungen *eʒ, iʒ, öʒ, uʒ, yʒ, êʒ, òʒ* und *öʒ*, — *ē³, ē²* und *ei*, *ū¹* und *eu(oi)* fielen also wie bei der vocalverkürzung überhaupt, zusammen — von denen uns die ersten deutlichen spuren bereits bei Daniel van Soest in formen wie **Vrigge** neben **Vrie, bröggen** 'brüten' entgegentreten. Eine parallele zu unseren bildungen zeigen bekanntlich das gotische und altnordische mit ihrem *ggw* resp. *gg, ggj* und *ggv* [1]).

a) Die langen vocale.

ē³.

§ 125. Mnd. *ē³*, der umlaut des and. *ā*, hat sich in der ursprünglichen verbindung mit folgendem *i* oder *j* zu *ēʒ* entwickelt, wie in *bēʒn* bähen, *krēʒn* krähen, *drēʒn* drehen, *sēʒn* säen, *vēʒn* wehen, *nēʒə* verb. nähe, *nēʒəska* näherin, *mēʒə* mähe, *klēʒə* kratze (altn. klá, ahd. klāwen, mnd. klēien), *blēʒə* f. durch druck oder reibung entstandene hautblase (zu blähen).

ē².

§ 126. Mnd. *ē² =* and. *ē²*, wgerm. *ai* erscheint im hiatus als *ēʒ* in *brēʒa* breiter (mnd. brēder, brēer) und *fēʒəlic* veränderlich, unbeständig (and. fēh, ags. fāh 'varius', gr. ποικίλος).

ī.

§ 127. Mnd. *i* wird *iʒ*:
kliʒə kleie, *spiʒə* speie, *sniʒn* schneien, *viʒn* weihen, *friʒn* freien, werben, *siʒə* seihe, *sxriʒə* schreie, *diʒn* gedeihen, aufgehn, *riʒn* reihen, *bətiʒə* zeihe, *sömərīʒə* f. sämerei und so alle substantiva auf -ei oder -rei, *viʒn* weiter, *tiʒəs* Matthias, *niʒə* nen (mnd. nie).

ū¹.

§ 128. Mnd. *ū¹ =* mhd. *üe* wird mit folg. *i* oder *j* zu *öʒ*:
blöʒə blühe, *xlöʒə* glühe, *möʒn* reuen, leid tun (mhd. müejen, nl. moeijen), *möʒə* mühe, *sxröʒln* sengen, anbrennen, braten (nl. schroeijen), *bröʒə* brühe, *köʒə* kühe, *bröʒn* brüten (mnd. brooden).

ū.

§ 129. Aus *ū* wurde *uʒ*:
buʒn bauen, pflügen, *bruʒn* brauen, *truʒn* trauen, *sxuʒn* scheuen, *ruʒə* rauh, *uʒə* euch, euer (mnd. jū, jūwe).

ū.

§ 130. Mnd. *ū* entwickelte sich zu *yʒ*, einerlei ob es älteres *ū* oder *iu* vertritt. Beispiele sind:
a) *bryʒn* brauer, *dryʒə* drohe (dän. true, schwed. trüga), *xryʒl* m. gespenst (= nhd. greuel), *styʒn* stauen (nl. stuwen);
b) *klyʒn* kukuel (ahd. chliuwi), *syʒl* f. pfriem, ahle, säule (ahd. siula), *ryʒn* reuen (and. hriuwan, altn. hryggva).

---

[1]) Vgl. Braune, got. gr.³ § 68 und Noreen, altn. gr. 1, § 225.

β) Die mnd. diphthonge.

ei.

§ 131. Mnd. *ei* wird zu *ęg* in *ęgə* eier, plur. von *aë* (vgl. altn. egg).

au (ou).

§ 132. Mnd. *au* oder *ou* erscheint als *ǒg*:
kǒgn kauen, *hǒgn* hauen, *xlǒgə* glänzend, scharf, lebhaft — vom blick — (and. glau, altn. gloggr), *mǒgə* f. ermel (mnd. mouwe, nl. mouw), *dǒgə* m. tau, *pǒgə* f. pfau, *klǒgəs* Klaus.

eu (oi).

§ 133. Der umlaut des vorigen ist *ög*:
kǒgln langsam kauen, *frögn* freuen, *strögn* streuen, *dögn* tauen, *dögəvęn* tauwetter, *ögə* f. mutterschaf, -ziege (and. euui 'agna', nl. ooi. e. ewe, yew), *hǒlthögə* holzhauer, *högn* heuen, henmachen (zu *hǒë*), *nögə* geizig, karg, genau (ags. hneáw, altn. hnoggr), *rëözənögə biękə* f. Ronenauer bach.

2. Die vocale der mittel- und endsilben.

§ 134. Im allgemeinen hat die Soester mundart die vocale der nebensilben so bewahrt, wie sie schon in mnd. zeit erscheinen. Daher werden im folgenden nur die etwaigen quantitativen und qualitativen veränderungen derselben, sowie die fälle der synkope und apokope besprochen werden.

A. Kürzungen.

§ 135. In nebentoniger silbe sind gekürzt:
ā zu *a* in *a·mbax* m. rühmen, prahlerei, wichtigtuerei (s. Woeste *verbǎg* und biegelich zu and. bäg), *vara·ftic* wahrhaftig (zu *vāa* wahr);
ō¹ zu *ə* in *bāvəs* barfuss (mnd. barvōtes, barvetes), *hanskə* handschuh, *hǒlskə* holzschuh;
ō² zu *ǒ* in *viŋkǒp* weinkauf;
ū zu *u* in *huzdëm* hausieren;
a zu *ə* in fremden eigennamen wie *luĭzəbët* Elisabeth, *amərūĭkə* Annamariechen, *aŋkətruīnə* Anna-Katharina, *tǒməs* Thomas;
o zu *ə* in *jəhanəs* Johannes;
e zu *ə* z. b. *xənaŏx* genug, *tərǒët* zerriss (mnd. terēt), *bəlëŏx* belog, *mǖgət* magd (mnd. maget), *hięmət* hemd (mnd. hemede), *murkət* n. markt (mnd. market), *vaməs* wams (mhd. wambes), *aŋəst* angst (mnd. angest), *hęavəst* herbst (mnd. hervest), *krīəvət* krebs (mnd. krevet), *myənək* mönch (mnd. mönck), *ūnuŋə* ahnung, *hęatə* herz (mnd. herte), *ruĭpə* reif (mnd. rīpe), *ruīkə* reich (mnd. rīke), *bǒlə* bald (mnd. bolde), *saxtə* sanft (mnd. sachte), *driŋkət* trinkt (mnd. drinket), *iətət* isst (mnd. etet) u. s. w.;
i zu *ə* in *numədax* nachmittag.

B. Qualitätsveränderungen.

§ 136. 1) *a* ist zu *ǒ* verdumpft in dem suffix *-skǒp* -schaft, z. b. *frǒntskǒp* freundschaft, *nǎbaskǒp* nachbarschaft;

2) vortoniges *o* erscheint als *a* in *saldåtə* soldat.

C. Synkope.

§ 137. 1) *a* ist geschwunden in *prɑ̨t* fertig (aus lat. paratus), *ka·truinə* Katharina, *a·ndröës* Andreas;
2) *ē* und *e* in *slaks* m. ungezogener kuabe (Jollingh. gr. s. 7, § 11: laks = schlaps neben laekäs; unser wort besteht aus dem adj. *slak* und mnd. ers 'arsch'), *kq̄apkə* Körbecke, *vilmuïnə* Wilhelmine;
3) *i* in *bruīmə* bräutigam (aus mnd. brūne, brüdigam);
4) *o* in *pastrɑ̨t* pastorat;
5) *ū* in *baks* backhaus.

§ 138. a) Die unbetonten endsilben -*el*, -*em*, -*en* sind durch synkope des *e* zu silbenbildendem *l*, *m* und *n* geschwilcht, sei es dass dieses *e* schon in mnd. zeit vorhanden war, oder erst später aus einem langen vocal verkürzt wurde. Beispiele sind:

apl apfel, *kɛaspl* kirchspiel, *rəsxruifsl* geschreibsel, *mantl* mantel, *baö:m* rauchfang über dem herde (= nhd. buseu, ahd. buosum), *dampm* dampfen, *hadn* hatten, *brɛṇn* bringen, *vuïzn* weisen, *kǫnn* konnten, *sεltsn* seltsam (mnd. seltsen), *vüstn* Wurstein, *fɛadl* viertel.

b) -*er* erscheint mit vocalisirung des *r* als *a*: *faccatə* vergesse, *filaëra* comp. adv. lieber (zu fürlieb, vgl. ähnliche kürzungen schon im mhd. vergnot, vernihte¹)), *xrötɑ* grösser, *pąta* pater, *jufa* jungfer, *nąba* nachbar (mnd. naber), *hūma* hammer, *hɛaspax* Hirschberg, *himatə* himbeerstrauch (aus *himberwert(e), and. -wurt).

D. Apokope.

§ 139. Apokope eines auslautenden unbetonten *e* (*ə*) fand statt
1) nach diphthongen und *ā*, z. b. *sxaö* dat. sgl. und nom. acc. pl. schuhe, *mue* müde, *lā* lade;
2) nach *r* (jetzt *a*), z. b. *kā* karre *lɛa* f. lehre, *hɛa* herr (mnd. hēre), *scɛa* f. scheere, *vɑ̨a* f. ware, *hɛöa* f. hure, *fiŋa* dat. finger;
3) nach *rd*, z. b. *hɑ̨a* hörte, *hö̃ɛa* 1. hirte, 2. hürde;
4) am ende zwei- und mehrsilbiger, ursprünglich auf -*el*, -*em* und -*en* ausgehender wörter, z. b. *nɑ̨tl* nadel (mnd. nätele), *ɛŋl* dat. engel, *baözm* dat. rauchfang über dem herde (= buseu), *dyəzm* diesem, *lɑ̨kn* dat. laken (mnd. lakene).

§ 140. Diese lautgesetzlichen verhältnisse sind in 1) und 2) aber vielfach durch neubildungen und ausgleichungen gestört, indem besonders die endungen des nom. sgl. der feminina und des nom. acc. pl. der masculina und neutra nach dem vorbild der übrigen formen, welche das -*ə* behielten, wider von neuem auf *ə* gebildet wurden. Teilweise mag auch die neuhochdeutsche schriftsprache hier schon mitgewirkt haben. Man hat nunmehr eine grosse anzahl doppelformen und hört z. b. neben *mae* auch *maeə*, neben *scɛa* auch *scɛarə*, neben *jųa* jahre auch *jąrə* u. s. w. Besonders in der 1. pers. sgl. praes. des verbums ist -*ə* meist wider eingeführt.

¹) Weinhold, mhd. gr.² § 78, s. 72.

II. Die stimmlosen vocale.

§ 141. Die im mnd. durch *h* bezeichneten, mit hauchenge eingesetzten stimmlosen vocale sind im wortanlaute regelmässig erhalten, vgl.
hant hand, *hitə* ziege, *hunat* hundert u. s. w.

Im wortinnern sind sie dagegen dem folgenden stimmhaften vocal assimilirt worden, wie in *vara'ftic* wahrhaftig, *kraŋkaët* krankheit, *dumaët* dummheit, *sciűlaükn* die schule schwänzen (zu nl. schnilhoek „schlupfwinkel"), *öëmə* oheim, *löënn* entlehnen, leihen (ahd. lēhanōn), *ala·nt* mittlerweile, inzwischen (= *al hant*, vgl. Woeste W. unter 'hand').

Zweiter abschnitt.
Consonantismus.
Vorbemerkungen.

§ 142. Das mnd. besass folgende consonanten:

	stl.	sth.	stl.		sth.		
Labiale:	*p, pp*;	*b, bb*;	*f, ff*;	*v*;	*w*;	*m, mm*;	
Dentale:	*t, tt*;	*d, dd*;	*s, ss*;	*s*[1]);	—	*n, nn*;	*l, ll*; *r, rr*;
Palatale:	—	—	*ch, chg*[2]);	*j*;	—	—	— —
Gutturale:	*k, kk*;	*g, gg*;	*ch, chg*[3]);	*g*[4]);	—	*n*[5]).	— —

§ 143. Folgende allgemeinen gesetze gelten für die entwickelung dieser laute in unserer mundart:
1) alte geminata (oder länge?) ist jetzt fortis, vgl. mnd. *ribbe* = Soester *ribə* rippe;
2) jeder consonant ist nach betontem kurzen vocal fortis geworden, vgl. *fan* = Soester *fan* von, mnd. *achte* = Soester *axtə* 8.

A. Die regelmässigen entsprechungen.
α. Die labialen.
p.

§ 144. Mnd. *p* ist regelmässig erhalten: *panə* pfanne, *pòt* topf, *löpə* laufe, *trapə* treppe, *òp* auf.

b.

§ 145. Mnd. *b* ist erhalten:
a) im anlaut, z. b. *binə* binde, *blägə* u. f. kind (verächtlich), *briŋk* m. hügel;
b) im inlaut zwischen vocalen, wenn es verdoppelt stand, z. b. *hèbm* haben (mnd. hebben), *ribə* rippe, *krybə* krippe, *xrabln* grapsen,

---
[1]) Phonetisch: z.
[2]) Phonetisch: c. Für geminirtes *ch* wird auch *gch* oder einfach *ch* geschrieben.
[3]) Phonetisch: x. Ueber die geminata gilt auch hier das soeben bemerkte.
[4]) Phonetisch: χ.
[5]) Phonetisch: η.

hastig greifen nach (e. to grabble, nl. grabbelen), *knibln* mit dem finger in etwas bohren (nl. knibbelen), *styba* kappe bäume (mnd. stubbe 'baumstumpf').

§ 146. In der inlautenden verbindung *mb* ist altes *b* durch assimilation an das vorhergehendn *m* geschwunden, so in *lamə* dat. lamme (alts. lambe), *ymə* um (ags. ymbe), *ēma* eimer (alts. ēmbar), *imə* f. imme, biene (ahd. imbi), *vamə* wamme (ahd. wamba), *wamas* wams (mhd. wambeis), *himatə* himbere, *brunatə* brombere, *imət* n. frühstück (= imbiss).

§ 147. Durch ausgleichung drang dies *m* dann auch in den auslaut, wo eigentlich *mp* zu erwarten wäre, wie dies auch die Kemscheider mundart[1]) hat. Es heisst also *lam* lamm (alts. lamb), *kam* kamm (alts. kamb), *dum* dumm (g. dumbs), *krum* krumm (alts. krumb) u. s. w.

§ 148. Mnd. *bt* ist zu *t* assimilirt im pl. präs. *hēt* haben, habt (mnd. hebbet, hebt). —

Durch assimilation an benachbarte stimmlose consonanten ist es *p* geworden in *kōapkə* Körbecke, *marpkə* Marbecke, *h̥easpax* Hirschberg.

f.

§ 149. Mud. *f* (anlautend meist *v* geschrieben wie im mhd.) ist regelmässig erhalten, vgl. *faōt* fuss, *flaétn* fliessen, *frui* frei, *drōftə* durfte, *vulf* wolf, *luif* n. leib (mnd. lif), *blifst* bleibst, *sxrift* er schreibt.

§ 150. Inlautendes *f* ist vor *l* wegen seiner ursprünglichen stellung im silbenauslaut erhalten in *drüflbūa* n. eine art bohrer (mnd. drüfele f. 'der bewegliche teil eines bohrers'), *scūfl* schaufel, *sxufln* mit schlürfenden schritten gehn (nl. schoffelen), (ans and. *drufla, *skūfla).

v.

§ 151. Mnd. inlautendes *v* ist regelmässig als *v* erhalten. Es vertritt:

a) ein alts. *b* = wgerm. *b* z. b. in *vuivə* dat. weibe, *yəvl* übel, *halvə* halbe, *ȧrvə* erbe;

b) ein alts. *h* = wgerm. *f*, wie in *hoavə* dat. hofe, *vylvə* wölfe, *oavə* ofen, *bāvəs* barfuss (mnd. barvōtes, barvets).

§ 152. Wenn auf das *v* ein *n* folgt, so tritt statt *vn* in schneller oder nachlässiger aussprache häufig *bm* ein: *siəbm* 7, *blüibm* bleiben. *boabm* oben.

§ 153. Geschwunden ist *v* in *h̥east, h̥eat* hast, hat, *ciəst, ciət* gibst, gibt; vocalisirt in *haōk* habicht (mnd. havek, vgl. altn. haukr!).

w.

§ 154. Mud. *w* ist in der regel zu *v* geworden und mit dem eben besprochenen *v* ganz zusammengefallen, vgl. *vāta* wasser, *vit* weiss (d. i. albus), *vynskn* wünschen, *farvə* oder *fāvə* farbe (mnd. farwe), *kvāl* qual, *tvōē* 2, *tviəzn* zwillinge (mnd. twesen), *sval* schwarz.

§ 155. Vor *r* und *l* ist anlautendes *w* durch aufgeben der stimmbandarticulation zu *f* geworden, wie in *frist* f. rist, fussrücken (mnd. e. wrist), *friŋn* ausringen (mnd. wringen), *frectuŋə* f. umzäunung, ein-

---

[1]) Vgl. P. Br. Beitr. X, 419.

friedigung (mnd. wrechtunge), *sik frasin* balgen, sich raufen (mnd. wrastelen), *frāzn* rasen (mnd. wrase), *truivn* reiben (nl. wrijven), *fròēt* stark, widerlich schmeckend, herbe, scharf (alts. wrēth 'zornig', nl. wreed 'grausam, roh'), *flispan* lispeln, flüstern (mnd. wlispen), *flaöm*, trübe, vom wasser (mnd. wlöm).

§ 156. In unbetonter silbe ist *w* geschwunden bei der endung -*ətə* = and. wurt (mit angehängtem -*ə* wie z. b. auch in *antə* ente), die eine pflanze, einen strauch u. dgl. bezeichnet. Als beispiele mögen genannt sein:

himatə himberstrauch, *ēlbatə* erdbere, *võlbatə* wald-, heidel-, blaubere, *brumatə* brombere. Diese namen bezeichnen jetzt aber nicht bloss die pflanze, sondern auch ihre frucht. Wie sehr die ursprüngliche bedeutung der endung -*atə* vergessen ist, zeigt der umstand, dass sie von den namen jener früchte aus, für deren trägerinnen sie eigentlich galt, auch auf die produkte von bäumen wie *ṛakatə* ecker, eichel übertragen wurde.

Anm. Ueber den durch satzphonetik zu erklärenden übergang von *w* in *f* bei *fuY, fi* wir, s. unter Sandhierscheinungen.

m.

§ 157. Mnd. *m* ist regelmässig, auch im auslaut erhalten; beispiele sind: *bësmə* oder *besmn* besen (ags. besma), *fām* faden (e. fathom), *svām* schwaden (mhd. swadem), *bōam* boden eines gefässes (mnd. bodem), *baōzm* rauchfang über dem herde (= nhd. busen, mnd. bösem).

§ 158. Aelteres *mf* aus *ηf* (*ngf*) ist zu *f* geworden in *jufa* jungfer (dän. jomfru).

β. Die dentalen.

t.

§ 159. Mnd. *t* ist meist erhalten, wie in *taö* zu, *ṛatn* essen, *faētə* füsse, *vat* was, *öēt* eid (mnd. ēt), *hant* hand (mnd. hant), *mötə* motte, *latə* latte, *slafˊtək* flügel (= schlagtittich).

§ 160. In drei fällen ist *t* jedoch geschwunden, nämlich
1) wie im englischen (vgl. castle, whistle etc.) zwischen *s* und *l*: *dist* distel, *fist* fistel, *bṛasl* bürste (nl. borstel), *sik frasin* balgen, sich raufen (mnd. wrastelen);
2) nach *c* und *s* vor *t, n, m, f* und *j* in *ècn* hinten (and. aftan, das *ė* ist aus *ecta* hinter = dän. efter übertragen), *lèsn* letzthin, neulich, *hèsmömə* grossmutter, *hèsfā* grossvater, *krisjn̨* Christian. — Neben *faötpat* fusspfad spricht man auch *fuöpat*;
3) vor *s*, z. b. *mės* messer (alts. mezas), *ècstə* hinterste (zu *ècta*, nhd. after), *hèstə* beste (alts. betsto), *lèstə* letzte (alts. letsto), *hölsk* holzschuh, *saösk* soestisch, *bāvəs* barfuss (mnd. barvötes), *lèst* lässest (alts. latis), *xənyst* geniessest (alts. ganiutis), *bist* beissest (e. bist), *müskə* mütze (-*kə* ist deminutivendung, aber das geschlecht des wortes ist bewahrt).

§ 161. Das vor stimmlosen consonanten aus älterem *d* entstandene *t* wird ebenso behandelt, vgl. *ölstə* älteste (e. eldest), *òlskə* die alte, mutter, *költə* kälteste (e. coldest), *kinsk* kindisch, *hauskə* handschuh, *rist* reitest (e. ridest), *höst* hütest (alts. hüdis), *röskòp* gerät (mhd. gereitschaft).

Anm. In lehnwörtern aus dem hochdeutschen und romanischen wird die affricata *ts* in gleicher weise zu *s* vereinfacht: *dans* tanz, *krans* kranz, *klös* klotz, *sux* eisenbahnzug, *sulpl* zwiebel (lat. cēpula), *suka* zucker, *sixarə* cigarre.

d.

§ 162. Mnd. *d*, in welchem alts. *d, ð* und *th* (= *þ*) zusammengefallen sind, ist im anlaut in der regel als *d* erhalten. vgl. *dax* tag, *düznt* 1000, *driŋkn* trinken, *draē* 3.

§ 163. Dagegen erscheint die mnd. anlautsgruppe *dw-* (aus alts. *dw-* oder *thw-*) jetzt als *tv*:
tvēax zwerg (mnd. dwerch), *tvęas* quer, querköpfig, verdriesslich (mnd. dwers), *tviŋi* zwingen (mnd. dwingen), *tvaŋk* zwang (mnd. dwank).

Anm. *t* für *d* in *-tröp -dorf* (als endung in zahlreichen ortsnamen) ist schwer zu erklären. Fälle wo *t* als assimilation an vorhergehende stimmlose consonanten, wie z. b. in *Saströp* Sassendorf, aufgefasst werden könnte, sind zu selten, um alle übrigen als analogiebildungen hiernach anzusehen.

§ 164. Inlautendes mnd. *d* ist nur erhalten
1) als fortis für ursprüngliche geminata, vgl. *bidn* bitten (mnd. bidden), *drydə* dritte, *hadə* hatte, *hòdə* hütete (mnd. bodde), *òdə* oder (mit eintritt des hd. vocals statt des ursprüngl. *e*, mnd. *edder*) u. s. w.;
2) vor der adjectivendung *-ic*: *nòëdic* nötig (nl. noodig), *xustmaëdic* gutmütig (vgl. nl. moodig), *feadic* fertig;

Anm. 1. Letzteres ist auch anderwärts der fall, z. b. in dänischen, in schwed. dialekten (Fryksdalsmål) und in der Cattenstedter mundart¹).
Anm. 2. In *stødic* geputzt, staatmachend (zu *stat staat*), ist *d* statt des zu erwartenden *t* eingeführt, indem dabei das verhältnis von *neöt — nòëdic* not — nötig, *maöt — -maëdic* mut — -mütig vorschwebte. Lautgesetzlich wird in unserer mundart inlautendes *t* niemals zu *d*.

3) in *smüdl* m. schmutziger mensch, *smüdəlic* schmutzig (zu nl. smoddig 'sudelig', smodderen 'besudeln, beschmutzen') und den erstarrten formen des ptcp. praes. in redewendungen wie *stöpndə, stikudə, huïpndə ful* gestopft, zum ersticken, gehäuft voll.

§ 165. Sonst schwindet *d* zwischen vocalen sowie nach *n, l* und *r* stets; schon Daniel von Soest hat eine anzahl derartiger beispiele.

So heisst es: *baēən* bieten, *luïə* leute, *hrëöə* bruder, *fām* faden, *ām* atem, *finə* finde, *lēnə* länder, *hòlə* halte, *cyln* golden, *ęrə* erde, *vērə* worte, *höcə* f. hürde, *höëa* m. hirt (mnd. herde) u. a. m.

Anm. Wenn *d* nach *l* erhalten zu sein scheint, wie in *öldə* f. alter, *kyldə* kälte, so sind diese neugeschaffen nach dem muster ähnlicher bildungen, z. b. *brēdə* breite, *vidə* weite u. s. w., wo *d = mnd. dd ist.

§ 166. Vor *l* wird *d* zu *t*, wofür schon das mnd. einzelne belege gibt: *natl* nadel (schon mnd. natele). *svatl* speckschwarte (mnd. swarde). *snöëtln* schälen, schneiteln (mnd. snëtelen), *pantln* heimlich verkaufen.

---

¹) S. Ed. Damköhler, Mundartl. aus Cattenstedt am Harz. Progr. des Helmstedter Gymnas. 1884. S. 8 f.

pautlvuīf ein weib, das ohne ihres mannes wissen heimlich sachen verkauft (beides zu pfand, nl. pand), *sxrṇ̄ttn* pl. abfälle, schnitzeln, fetzen (mnd. schrätelen neben schrädelink, afries. scrēd). Auch hier gilt dieselbe erklärung wie in § 150.

§ 167. Inlautendes *d* fortis wechselt mit *r* in *bèdə — bèrə* bett und *hadə — harə* hatte. Auf den dörfern ist dies noch in weit ausgedehnterem maasse der fall, vgl. die nachträge.

s.

§ 168. Mnd. *s* ist als stimmloses *s* erhalten

1) im anlaut vor vocalen und consonanten: *sunə* sonne, *siŋn* singen, *stöēn* stein, *spiɤn* speien, *sxaū* schuh, *sciəp* schiff, *s.xruīvə* schreibe, *smuītə* schmeisse, werfe, *snöē* schnee, *stāpə* schlafe, *svuiɤə* schweige;

2) im inlaut für ursprüngliche geminata und nach *r*, z. b. *kysn* küssen, *vasn* wachsen (mnd. waasen), *ðsə* ochse (mnd. osse), *kęasə* kirsche, (mnd. kerse), *fę̄sə* ferse, *āsə* die Ahsse, ein kleiner nebenfluss der Lippe (mnd. Arsene), *vǫast* wurst, *bęastn* bersten, *vęast* wirst;

3) im silben- und wortauslaut sowie in der nachbarschaft stimmloser consonanten, vgl. *saësə* sense (and. segisna), *bèsmə* besen, *vas* war (mnd. was), *xast* gast, *fisk* fisch (alts. fisk), *vaskə* wasche (ahd. waskn).

§ 169. Inlautend dagegen zwischen vocalen, sowie nach *l*, *m* und *n* steht nur *z*. Vielleicht ist dieser übergang schon im mnd. und alts. geschehen — er ist analog der verwandlung von *f* in *b*, *v* (s. oben § 151, b) — lässt sich aber wegen der mangelhaften orthographie der älteren sprachstufen nicht nachweisen. Als beispiele führe ich an: *hāzə* hase, *fraëzn* frieren (ahd. friosan), *halzə* dat. halse, *rèmzn* prügeln (zu wamms, vgl. „einem den rock ausklopfen"), *inzl* insel, *lynzə* linse.

Anm. Nach dem muster von *hiūs — hiūzə* haus — hause u. a. ist gegen die regel, dass *s* nach *r* stimmlos bleibt (s. § 168, 2) der dativ von *ęs* arsch (mnd. ers) als *ęzə* gebildet, da das *r* wol schon lange geschwunden war, und das durch vorsetzung eines *m* daraus gebildete gleichbedeutende fem. *męzə* (s. unten § 195).

n.

§ 170. Mnd. *n* ist regelmässig erhalten, vgl. *nap* napf, *nöē* nein, *dœnə* tanne, *sèltsn* seltsam (mnd. seltsen, ahd. seltsāni).

§ 171. Durch assimilation an benachbarte consonanten wurde *n*:
a) zum labialen nasal *m*
1) unmittelbar vor labialen, z. b. *ampm* Ampen, ein dorf (mnd. Anepen, and. Anadopun), *stèmpat* steinpfad, trottoir, *tampuīnə* zahnschmerzen (mnd. pīne), *hamp* hanf, *umbrènn* anbrennen, *umbènic* unbändig, *amfaŋk* anfang, *imvöēkn* einweichen;
2) wenn es aus *-en* enstanden ist, nach labialen consonanten, vgl. *üpm* affen, *hèbm* haben, *siəlm* 7, *kuəmm* kommen, *kyəmm* kümmel (mhd. kümin, mnd. kömen);

b) zum gutturalen *ŋ* vor gutturalen, vgl. *stęŋkiūtə* steingrube, -bruch, *aŋkuīkn* ansehen, *iŋxaŋk* eingang, *uŋɤlykə* unglück, *a·ŋkətruīnə* Annakatharina.

§ 172. Geschwunden ist *n*:

a) durch assimilation an folgendes m, z. b. in dĕmɔ̄l einmal, amäkn anmachen, a·mərui̯kə Annamariechen;

b) vor s in Sastrὺp Sassendorf, ciəsui̯t jenseits, kölsk kölnisch, nyməs niemand; vor dem s der deminutivendung -skn (vgl. darüber § 198) z. b. kuēkskn zu kaǒkn kuchen, vɐ̨agəskn zu vɔ̄gn wagen, und endlich vor der pluralendung -s der deminutiva, wenn die bildung noch als solche deutlich empfunden wird, vgl. blaĕməkəs blümchen, faĕtkəs füsschen. Gilt das wort dem sprachbewusstsein jedoch nicht mehr als verkleinerungsbildung, wie z. b. mɐ̨akn mädchen, so bleibt das auslautende n bewahrt: pl. mɐ̨akns — aber pl. mɐ̨akskəs kleine mädchen von mɐ̨akskn!

Anm. Bei mə man (mnd. men) ist der abfall des n wol durch satzphonetik zu erklären.

c) Vor r ist n geschwunden in dem familiennamen kĕɔ̄t Kort (aus Kônrād).

§ 173. Statt n ist l eingetreten in luīliŋk m. sperling (and. hliuning), s·röĕäliŋk schierling (and. scerning), nūkəlic nackt, nākəlēs nacktarsch (mnd. naken, nakendich), mulstən rekruten mustern, ausheben, mulstəruŋk musterung, aushebung (mnd. munsteren aus lat. monstrāre), knufleöf knoblauch (and. cluflôc). In den beiden ersten wörtern kann -l- im anschluss an die endung -liŋk eingeführt sein.

l.

§ 174. Mnd. l ist meist bewahrt, so auch in klygn knäuel (mnd. klūwen, ags. clȳwen), wo das uhd. dissimilation zeigt.

§ 175. Geschwunden ist l in viəkə, vĕkə welcher, syəkə pl. solche, sast sollst, vòst willst, söt pl. sollen, vĕt pl. wollt, wollen, ĕs, ĕzə als, vilĕm oder vilɔm Wilhelm, vilmuīnə Wilhelmine.

r.

§ 176. In älterer zeit war r unzweifelhaft ein dentaler consonant (wie jetzt noch auf allen nachbardörfern), ist aber in der stadtmundart in den uvularen zitterlaut übergegangen und im wort- und silbenanlaut, sowie nach anlautenden consonanten erhalten, z. b. rĕŏt rot, ɐ̨rə erde, vürə worte, ma·ri Marie, kūrə karre, trōk zog, hreŋə bringe u. s. w.

§ 177. Erhalten ist das r ferner nach kurzem a vor folgendem consonanten, wofern derselbe kein dental ist, z. b. arm arm, s.xarp scharf, də marpkə die Marbke, ein hof, harkə barke, rechen, bark m. kopfgrind, kruste auf einer wunde, einem geschwür (dän. bark), markət n. markt, sark sarg (mnd. sark) u. s. w. Jedoch hört man schon vielfach statt dieses ar ein einfaches ā (s. oben § 85, 3).

§ 178. Nach allen andern vocalen sowie nach diphthongen ist r entweder zu dem vocal a geworden oder ganz geschwunden. Beispiele hierfür sind in den §§ 85—98 zur genüge gegeben.

§ 179. Im wortende ist nach ū das r ganz geschwunden — vgl. xū gar, fū vater, bū m. bär, f. bahn —, sonst in a übergegangen z. b. sciūa schauer, mɐ̨a mehr, xröta grösser, vuna wunder.

§ 180. Durch dissimilation ist *r* in der nähe eines anderen *r* zu *l* geworden in *ëlƀatə* erdbere und *marmlstöën* marmorstein.

γ. Die palatalen.

j.

§ 181. Mnd. *j* ist als *j* erhalten im wortanlaut vor vocalen ausser altem *e* und *i*, z. b *jɔ̄* ja, *juŋk* jung, *jūxn* jauchzen (nl. juichen).

§ 182. Vor altem *e* und *i* dagegen ist *j* zu *c* geworden. Die älteren germanischen dialecte lassen in diesem falle das ursprüngliche *j* in *g* übergehen, was man vielleicht als eine dissimilirung der palatalen spirans zur gutturalen vor palatalem vocale ansehen darf. Anlautendes *g* aber (d. h. phonetisch *ɟ*) wird in unserer mundart regelrecht durch aufgabe der stimmbandarticulation zu *x*, resp. vor palatalen zu *c*. Beispiele sind:

cèst m. hefe (mhd. jest, gist, c. yest), *cȳɔn* jäten (alts. gëdan, ahd. jëtan), *ciɔntn* dort (mhd. jent, ags. geond), *ciɔsuït* jenseits.

A n m. Ueber den verlust des anlautenden *j* (*x*) in *ui*, *i* ihr (alts. gi, mnd. ghi) siehe unter Sandhierscheinungen § 219 ff.

δ. Die gutturalen.

k.

§ 183. Mnd. *k* ist als *k* erhalten ausser in der unmittelbaren nachbarschaft palataler vocale, wo es palatal geworden ist. Es heisst also *kan* kann, *bakn* backen, *klaök* klug, *laŋk* lang (mnd. lank), *stryŋkə* sträuche, aber *kinɑ* kinder, *kēzə* käse, *kyəmm* kümmel, *dučkskn* tüchlein, *bilik* billig (mhd. billich), *jëkn* schnell fahren oder reiten (iterat. zu jagen), *bèk* m. schnabel (nl. bek) mit vorderem *k*.

§ 184. Die alte verbindung *sk* ist erhalten im in- und auslaute, vgl. *lëskn* löschen, *hɑnskə* handschuh, *foɑsk* frosch, *husk* busch; im anlaut dagegen ist das *k* dieser verbindung zur spirans *x*, resp. *c* geworden: *sxɑ̄p* schaaf, *s.xruïvə* schreibe, *scylic* schuldig, *scëpm* schöpfen.

§ 185. *k* ist einem folgenden *t* assimilirt in dem fremdworte *spitākl* spektakel, lärm, einem *d* in *luïdɔ̄rn* leichdorn, hühnerauge; vor *s* und *m* ist es geschwunden bei *kɛɑspl* kirchspiel und *kɛɑmis* kirmess, jahrmarkt.

g.

§ 186. Ein verschlusslaut *g* existirte im mnd. sicher nur in der inlautenden verbindung *ŋ* (phonetisch *ŋg*[1])), die sich in der Soester mundart durch eine ähnliche assimilation wie die von *mb* zu *m*, *nd* zu *n*, zum gutturalen nasal *ŋ* vereinfacht hat, vgl. *juŋə* junge, *brëŋə* bringe, *riŋə* ringe u. s. w. — Für den verschlusslautcharakter des *g* hinter *n* spricht besonders die erscheinung, dass im im mnd. und nnd. ursprünglich anslautendes *ng* stets zu *ŋk* geworden ist: *diŋk* (mnd. dink) ding, *laŋk* lang, *spriŋk* spring!

---

[1]) Vgl. engl. finger, England. *ŋg* findet sich auch noch in schwedischen dialekten.

ch.

§ 187. Mnd. *ch* ist neben gutturalen vocalen als *x*, neben palatalen als *c̓* erhalten: *laxn* lachen, *waxtn* warten (ahd. wahten), *daxtə* dachte, *sò.xtə* suchte (alts. sôhta), *dax* tag, *vɛ̄a.r* weg, *bɛ̄a.r* berg, *bǖə.r* m. borg, aber *krȫcn* husten (mnd. krögehen, 'grunzen'), *fröctn* fürchten, *höctə* höhe (ags. hiéhðu), *dyctic* tüchtig, *twintic* 20 u. s. w.

§ 188. Mnd. *ch* ist einem folgenden *f* assimilirt in *slaf·tək* flügel (= schlagfittich) und im silbeninlaut vor *t* geschwunden in *nit* nicht (wogegen es bei dem dazu gehörigen *icns* 'irgendwie' erhalten blieb, weil es hier im silbenauslaut stand). In fällen dagegen wie *fūərə* furche, *dɵ̄a* durch, *bəfɛ̯ɑtə* befehle (mnd. befelhe), *scɛ̯ɑl* scheel (mhd. schelch), *nɑ̄* — unbetont *nò* — nach, *nèŏ* — unbetont *nò* — noch, *s.xaü* schuh (alts. skôh), *òsə* ochse, *fòs* fnchs, *sèsə* 6, fehlte es schon im mnd.

§ 189. In folgenden wörtern steht wie schon im mnd. *xt* oder *ct* für alten *ft*: *luxt* luft, *saxtə* sanft, *s.xaxt* lang aufgeschossener mensch (= schaft), *èctə* hinter (= schwed. efter), *nictə* nichte (ahd. nift), *sictn* sichen (e. to sift), *söct* seufzer, *söctn* seufzen.

Anm. Gehört hierher auch *luxt* links?

g (z).

§ 190. Mnd. *g* war, wie für Westfalen wenigstens die lebenden mundarten beweisen, ausser in der verbindung *ng* (und *gg*?) stets eine stimmhafte spirans (phonetisch *z̧*). Als solche ist sie inlautend bei stimmhafter nachbarschaft bewahrt, vgl. *dāz̧ə* tage, *rɛ̯az̧n* regen, *balz̧ə* dat. balge, *snāz̧l* m. schnecke (ags. snæ̨gl), *ruiz̧ə* f. reihe (vgl. ahd. riege), *hēöz̧ə* hoch (mnd. höge); als fortis für ursprüngliche geminate in *sɛ̄z̧ə* ich sage (mnd. segge), *lɛ̄z̧ə* lege, *liz̧ə* liege, *myz̧ə* mücke, *bryz̧ə* brücke, *ryz̧ə* rücken (alts. hruggi), *röz̧ə* roggen (alts. roggo), *buə̯tavèz̧əskn* n. korinthenbrötchen, weck (ags. weez̧, altn. veggr 'keil') u. a.

§ 191. Im anlaut dagegen ist *g* vor consonanten und gutturalen vocalen in die stimmlose spirans *x*, vor palatalen vocalen in *c* übergegangen, vgl. *xast* gast, *xlas* glas, *xruinə* weine (nl. grijnen), *xnāz̧n* nagen (aud. gnagan); dagegen *cistən* gestern, *cēŭs* gans, *cymln* verdriesslich weinen, weinerlich sprechen, *cɛ̯an* gern, *cpətə* grütze, *cɛ̯al* gelb.

§ 192. Wie *d* vor *l* in *t* übergeht (s. § 166) so wird *g* in derselben stellung zu *c*, vgl. *èctə* f. blutegel, *dryctə* Drüggelte (ein dorf an der Möhne), *rèct* Rüggel (familienname).

§ 193. Inlautendes *g* zwischen vocalen ist geschwunden in *bruimə* bräutigam, *mɛ̯akn* mädchen, *suēsə* sense (and. segisna), *aĕsk* unheimlich, grausig, schrecklich (zu and. egiso), *təz̧n* gegen (aus mnd. tegegen); assimilirt ist es einem folgenden *m* und *d* in *hɛ̄ömisə* hohemesse, *hĕödnitsk* hochdeutsch. — Die im hiatus entstandene fortis *z̧* (s. oben § 124 ff.) ist folgendem *k* und *p* assimilirt in *hòklòs* hauklotz (zu *höz̧n* hauen), *spikastn* spucknapf (zu *spiz̧n* speien), *brupanə* braupfanne (zu *bruz̧n* brauen).

Gutturales n (ŋ).

§ 194. Der mnd. gutturale nasal ŋ (geschrieben n) ist stets erhalten, vgl. *draŋk* m. trank für die schweine, *beŋkə* bänke, *juŋk* jung (mnd. junk).

B. Hinzufügung von consonanten.

I. Vorsetzung.

§ 195. Ein *m* ist scheinbar vorgesetzt in *mêzə* f. arsch. Es ist dies jedoch nicht anders als ein falsch abgetrenntes *im, am, ŏpm ệzə* im, am, auf dem arsch, mit beibehaltung der dativform und übergang ins fem. wegen der endung -ə.

§ 196. Ein *n* ist vorgesetzt — d. h. hier aus dem proclitischen unbestimmten articel *en* zum folgenden worte hinübergezogen — in *nuïə* enter, *nyəzl* m. lichtschnuppe, glimmender docht; kernhaus (mhd. üsele, ûsel, mnd. ôsele), *nòèzə* öse. Bei letzterem mag auch die häufige verbindung *hâknòèzn* 'haken und ösen', das festworden des *n*- verschuldet haben. Schon das mnd. und mnl.[1]) zeigt ähnliches und aus neueren dialekten lassen sich beispiele für das vortreten eines unorganischen *n* in menge anführen.

II. Einschiebung.

§ 197. Ein *d* hat sich zwischen zwei *r* entwickelt in *duïada* comp. teurer, *stiüda* comp. von *stiüa* stark, kräftig, *svödə* schwerer (wegen der vocalkürzung siehe später beim comparativ). Dasselbe geschieht im nl., vgl. dnurder, auch gr. ἀνδρός, nhd. minder, e. thunder sind analoge fälle. Wie im altgerm.[2]) hat sich zwischen *s* und *r* ein *t* gebildet in *kastrò·tə* kasserolle.

§ 198. Bei der bildung von deminutiven wird stets vor der endung *-kn* ein *s* eingeschoben (dessen ursprung mir nicht klar ist), wenn das substantivum auf einen guttural oder auf ə oder *n* mit vorhergehendem guttural ausgeht, vgl. *daök — daëkskn* tüchlein, *ròk — rökskn* röckchen, *bukə — bëkskn* bückchen, *vāgə — vāgəskn* kleine wage, *kuïkn — kuïkskn* küchlein, hühnchen, *vāgn — vęgəskn* kleiner wagen.

§ 199. Ein *l* ist eingeschoben in *pladuïskn* n. „Paradieschen", ein vorbau am nordportal des Patroclidomes zu Soest; ein *r* in den fremdwörtern *triāta* theater und *kristaniga* kastanie (wie im schwed. spruud „spund"); ein *ŋ* in *staŋkè·t* stacket.

§ 200. Zwischen *u, i* und einem folgenden vocale hat sich in fremdwörtern die entsprechende spirans *v* und *z* (oder *j*) entwickelt: *januvā* januar, *liliza* oder *lilija* lilie, *kristaniga* kastanie, *fjöëlakn* veilchen (gleichsam „viölchen", aus lat. viola), *figəluïnə* violine; in *mèagn̥blaëmakn* Marienblümchen ist durch accententziehung das die entwickelung von *z* verursachende *i* ganz geschwunden. — Ueber die entstehung von *z* fortis zwischen vocalen ist bereits oben § 124 ausführlich gehandelt; auffälligerweise zeigt sich eine lenis mit diphthong

---

[1]) S. Franck, mnl. gr. § 115, 2.
[2]) Vgl. stroa zur wurzel *sreu*, altn. *stroðenn* zu *serða*.

davor in *sŭīʒə* niedrig (mnd. side) statt eines zu erwartenden *siʒə. Ebenso auffällig ist das *ʒ* in *kīəʒl* kittel (mnd. kedel), wofür nach § 104 eigentlich *kuīəl stehen sollte. In *nǖʒə* näher statt des lautgesetzlichen *nǟʒə erklärt sich der lange vocal und die lenis durch anlehnung an den positiv *nǟ*.

III. Anhängung.

§ 201. Wie im nhd. bei jemand, habicht und andern wörtern ist auch in unserm dialect ein *t* angetreten in *ānt* ernte (mnd. arne), *maŋəst* manchmal, zuweilen, *mɛnt* nur (neben *mɛn*).

§ 202. Nach dem muster der genitivischen adverbia auf -*s* ist auch in folgenden wörtern ein *s* angetreten: *nyməs* niemand, *fūts*, *futns* sofort, sogleich (das *n* in letzterem ist analogie nach adverbien wie *fākn*, die ursprünglich dat. plur. waren), *adjys* adieu.

C. Metathesis.

§ 203. Eine metathesis weist unsere mundart nur bei dem *r* auf und zwar tritt dasselbe

1) hinter den benachbarten vocal, wenn ursprünglich dem *r* ein consonant voranging und auf den vocal ein dental folgte, wie in *fɔəsk* frosch, *fɔəst* frost, *bɔəst* brust, *kɔəstə* kruste, *cɔətə* grütze, *bɛəstn* bersten, (ahd. brëstan), *dɛəspl* trespe, unkraut im getreide (mnd. drespe), *dɛətic* 30, *dɛəskn* dreschen;

2) vor den benachbarten vocal bei den alten verbindungen *rf, rp, rd* und *rht* in *draf, dröftə* u. s. w. darf, durfte, *drɛəf* derbe, kräftig, -*tròp* -dorf in ortsnamen wie *Sastròp* Sassendorf, *Kūtròp, Hultròp, Hatròp* u. a. m. (Ueber das anlautende *t* statt *d* wie in *dɔəp* dorf siehe oben § 163 Anm.), *sprudln* zappeln (mnd. nl. spartelen mit *t* statt *d*), *frūctn* fürchten.

Zweiter hauptteil.
Das wort als teil des satzes.

§ 204. Wie oben § 44 des weiteren ausgeführt ist, erscheint manches wort im satzzusammenhange von wechselnder form, je nachdem es einesteils entweder hervorgehoben oder weniger betont wird, anderenteils assimilation an vorhergehende oder folgende worte erleidet.

Wir besprechen zunächst die erstere, durch den exspiratorischen accent, durch nachdrückliche hervorhebung oder deren gegenteil bedingte erscheinung und geben unter der überschrift

A. Satzdoppelformen

eine nach den zu grunde liegenden vocalen der älteren sprachperiode eingeteilte übersicht.

α. Die langen vocale.

ā.

§ 205. Neben jā erscheint als unbetonte form ję (aus je, ja entstanden), neben dā̤ da, vā̤ wo, nā̤ nach: dò, vò, nò.

ē¹.

§ 206. Neben den ursprünglich langen und daher diphthongirten formen daē der, die, haē er, saē sie stehen die auf kurzes e zurückgehenden verkürzten də, hə, sə.

ē².

§ 207. Aus mnd. ĕn, ēne 'ein, eine' hat sich sowol das zahlwort ȯē̤n, ȯē̤nə wie der unbestimmte artikel n, nə entwickelt. Für n tritt dann vor gutturalen η, vor labialen m ein.

ē³.

§ 208. mę̄a mehr wird in unbetonter satzstelle zu mèa verkürzt.

ī.

§ 209. Auf dem bald lang, bald kurz gesprochenen i in mnd. wi¹), ghi, mi, di, beruht der unterschied von fui̯, fi und fə wir, ui̯, i ihr, mui̯, mi mir, mich, dui̯, di dir, dich. Neben der präposition bui̯ bei erscheint eine verkürzte form mit i in binə̣ beinahe.

ō¹.

§ 210. Zu heisst ta ŭ, und tə; letzteres ist die form der unbetonten präposition und des adverbs zu = allzu, ersteres der betonten präposition und des adverbs. — Neben taŏm zum hört man auch oft die verkürzte form tam, in welcher durch die flüchtige aussprache der zweite teil des diphthongen in dem folgenden m aufgegangen ist. Diese verkürzung kann erst verhältnismässig jung sein, da sie bereits die diphthongirung voraussetzt.

ō².

§ 211. Die volle form e ŏ erscheint in eŏk auch, deŏ damals (mhd. dō), die verkürzte in ŏk, dò.

ū.

§ 212. Wie dem engl. thou das nhd. du gegenübersteht, so haben sich bei uns aus der alten doppelform dū einerseits dui̯, andererseits də entwickelt.

β. Die kurzen vocale.

a.

§ 213. Altes a erscheint schon in mnd. zeit zu e geschwächt in men man, das heute — weil es stets unbetont enclitisch verwendet

---

¹) Vgl. g. weis neben ahd. wir.

wurde — *mə* lautet. Auf jener stufe ist jetzt unser *ëzə*, *ës*, *ë*, *ëa* 'als' angelangt. Auf dem mnd. wechsel von *dat* und *det* 'das' beruht der heutige unterschied von betontem *dat* und unbetontem *t*.

Anm. Die *s*-losen formen des oben erwähnten wortes erklären sich vielleicht durch falsche abtrennung der partikel im satzgefüge, wo sie vor einem mit *s* aulautenden worte stand, wie z. b. in *ësëð* 'als so' und ähnliches. In *ëa* hätten wir sodann diphthongirung des betonten *ë*.

§ 214. Während diese formen nur verkürzung und schwächung aufweisen, hat sich neben dem fragepronomen *vat* 'was' das auf die gleiche grundform — and. hwat — zurückgehende unbestimmte pronomen *vɔat* einige (mit flg. plur.) mit diphthong ausgebildet. Diese entwicklung ist vielleicht so zu denken, dass zunächst die betonte form *vat* durch den einfluss des anlautenden labials zu *vɔt* wurde, und dann das *ɔ* durch herüberziehen des *t* zu nachfolgenden vocalisch anlautenden wörtern (wie z. b. *ëlan* eltern) in offene silbe kam und so zur tonlänge gedehnt sich zu *ɔa* diphthongirte. Eine parallele zu jener labialisirung gewährt uns das stets unbetonte *ʊvn* aber, dessen kürze sowol auf rechnung der tonentziehung wie der folgenden durch *r* veranlassten fortis gesetzt werden kann; eine solche für die diphthongirung das *iə* in *iəzət* ist *es*, neben *is*.

i.

§ 215. Durch accententziehung wurde aus mnd. *it* 'es' das en- und proclitische *ət*, *-t*, aus *ik*, *ek* 'ich' neben der vollen form *ik* auch *ək*, *-k*. Der diphthong der oben § 62 besprochenen zweisilbigen form *iəkə* ging auch auf die einsilbige über, so dass unter dem accente *iəkə*, *iək* und *ik* nebeneinander im gebrauche sind. Neben *is* ist kommt auch *iəz* und in schwächster form *s* vor, vgl. *dat is* oder *das* das ist, *iəzət* ist es.

o.

§ 216. And. *noh* 'noch, adhuc' wurde durch abfall des gutturalen spiranten *nū*, dessen kürzere form als *nö* erhalten blieb, während die gedehnte sich zu *nɛö* entwickelte. Eine ähnliche doppelheit zeigt *jɛö*, *jö* ja, durchaus (verstärkungspartikel) aus mnd. jo, and. eo, io.

u.

§ 217. And. *u* ist in unbetonter stellung zu *ɔ* geworden in *ɔp* auf; im mnd. kommen noch *up* und *op* nebeneinander vor.

ü.

§ 218. Während in betonter stellung die formen *dṳa* durch, *fṳa* vor, für, üblich sind, lauten sie als proklitische präpositionen stets *dɔa*, *fɔa*. Diese kürzung erscheint stets in dem adj. *fɔazə* vorige, einerlei ob es betont oder unbetont ist.

B. Sandhi-erscheinungen.

§ 219. Mit diesem der indischen grammatik entlehnten ausdrucke bezeichnet man diejenigen veränderungen, welche der an- und auslaut eines wortes durch den zusammenstoss mit vorhergehenden oder folgenden lauten anderer wörter im satzzusammenhange erleidet. Indem ich die in allen sprachen vorkommenden ganz gewöhnlichen erscheinungen übergehe[1]), führe ich nur einige interessantere unter den beiden rubriken vocalausstossung und assimilation hier an, deren letztere ich in den unterabteilungen 1) partielle und 2) totale assimilation behandeln werde.

I. Vokalausstossung.

§ 220. Dass unbetonte pro- und enklitische wörter, wie gewisse formen der personalpronomina, der unbestimmte artikel und andere den anlautenden wurzelvokal verlieren können, ist bereits § 204 ff. gezeigt worden. Es bleiben hier nur noch fälle zu besprechen wie die ausstossung von auslautenden vokalen der verbalformen, z. b. *hadik* hatte ich, *hluīvik* bleibe ich, *vèti* wollt ihr (mnd. welle ghi), *mäis* müde ist (statt *maë(ə)is*) u. s. w.

II. Assimilation.
1. Partielle.

§ 221. Partielle assimilation zweier konsonanten aneinander, oder eines konsonanten an benachbarte vokale kann entweder im ansatzrohr (mundraum), oder im kehlkopf erfolgen; im ersteren falle werden zwei laute von verschiedener artikulationsstelle *homorgan*, im letzteren entweder ein stimmhafter in nicht tönender nachbarschaft stimmlos, oder umgekehrt ein stimmloser in stimmhafter umgebung stimmhaft.

1) Durch assimilation im mundraume wird *n* vor gutturalen zu *ŋ*, vor labialen zu *m*, z. b. *dęəŋkaŏkn* den kuchen, *vaŋ xòèstə* wann gehst du, *muīm baŏk* mein buch, *suīm faŏt* sein fuss.

2) Zwischen zwei stimmhaften lauten werden die stimmlosen spiranten *f*, *s*, *c* und *x* in die stimmhaften *v*, *z*, *j* und *ʒ* verwandelt, z. b. *cīəvəl* gieb es, *hənvən hiūs* hof und haus, *də braëvis tṳ̄* der brief ist da, *halzaf* hals ab, *iəzət* ist es, *kranzòp* kranz auf, *vazòk* war auch, *nòèdijis* nötig ist, *krùèjik* kriegte ich, *maʒik* mag ich, *lèŏʒòk* log auch. Wie die beispiele zeigen, findet diese assimilation bei ursprünglich anlautenden spiranten statt; im anlaut geschieht sie nur bei *saë*, *sə* sie, vgl. z. b. *hā̤lzə* hole sie, *kanzə* kann sie, *slòzə* schlag sie.

3) Anlautendes *d* unbetonter enklitischer wörtchen geht im anschluss an vorhergehende stimmlose konsonanten oft in *t* über, vgl. *istat* ist das, *vəstaë* war der, *hęasta* hast du, *bistə* bist du. In einem falle ward ebenso altes *w* zu *f*, in *fuī*, *fi* 'wir', und diese form ist dann die alleinherrschende geworden. Dieser übergang ist schon ziemlich alt, wie der im Korrespondenzblatt des Vereins für ndd. Sprachf. VII,

---

[1]) Eine gute zusammenstellung derselben findet man bei Winteler, Die Kerenzer Mundart s. 131 ff.

No. 1 gedruckte märkische brief aus dem jahre 1572 durch sein häufiges *fy* beweist.

2. Totale.

§ 222. Werden zwei auf einander folgende konsonanten völlig assimilirt, wobei stets der zweite den ausschlag gibt, so wird auch zugleich die doppelte artikulation vereinfacht, wie dies auch beim zusammenstossen zweier von alters her gleicher laute der fall ist (vgl. *kindöĕpə* kindtaufe, *ikan* ich kann).

Die hierher gehörenden erscheinungen sind mehr vereinzelt und werden nach den ursprünglichen lautverhältnissen zusammengestellt.

a) Labial + labial: *fm* zu *m*: *drumə* darf man;

b) dental + labial; *tf* zu *f*: *möfi* müssen wir, *lôfi* lassen wir, *ròfi* raten wir, *dafi* dass wir; *tm* zu *m*: *damə* dass man; *hn* zu *m*: *samə* soll man; *lf* zu *f*: *söfi* sollen wir, *véfi* wollen wir; *rm* zu *m*: *hömął* hör mal; *nm* zu *m*: *wamə* wann man, *kamə* kann man;

c) dental + dental; *ts* zu *s*: *das* das ist; *tz* zu *z*: *dazòk* das ist auch; *dz* zu *z*: *hazə* hatte sie; *ln* zu *n*: *vònił* wol nicht, nicht wahr?;

d) dental + guttural; *tk* zu *k*: *vak* was ich; *dk* zu *k*: *hak* hatte ich; *lk* zu *k*: *vèk*, *vòk* will, wollte ich; *sak*, *sòk* soll, sollte ich;

e) guttural + guttural; *zk* zu *k*: *sèk* sag' ich, *lèk* leg' ich.

Anm. Das neben *woal* wol erscheinende unbetonte *wił* assimilirt sein *l* so ziemlich allen folgenden konsonanten und lautet somit im satzinnern meist *wö*; vgl. *wömął* wol mal, zuweilen, *datrèkwödaön* das will ich wol tuen.

Dritter hauptteil.

Erster abschnitt.

Historische übersicht des vokalismus der Soester mundart vom standpunkte des lebenden dialektes aus.

§ 223. Während die vorhergehenden ausführungen den zweck hatten, die entwickelung der mnd. laute und lautverbindungen bis auf die neueste zeit herab zu zeigen, soll zum schluss noch in übersichtlicher weise eine darstellung der besonders interessanten vokalverhältnisse unserer mundart folgen, wobei der heutige zustand zu grunde gelegt wird und die älteren stufen in der reihenfolge: mnd., and., wgerm. zur erklärung desselben beigefügt sind.

In dieser tabelle sind die längeren bildungen der satzdoppelformen unter den vokalen der stammsilben, die kürzeren dagegen unter denen der **nebensilben** verzeichnet. Die ursachen der veränderungen eines vokals oder diphthongen sind, wo es sich kurz darstellen liess, bei dem betreffenden laute derjenigen periode schematisch zugefügt, von welcher ab die umwandlung begann. Ein in eckigen klammern beigesetztes *i* soll den *i*-umlaut bezeichnen.

Da der vocalbestand jeder mundart teils auf lautgesetzlicher umbildung der älteren sprachstufen beruht, teils durch analogiewirkung entstandene neubildung ist, so machen wir zwei hauptabteilungen: A. lautgesetzliche entwicklung und B. analogiebildungen, unter denen wir den gesamten vokalismus verzeichnen werden.

A. Lautgesetzliche entwicklung.

I. Stammsilben.

1. Einfache vokale.

   a) Die kurzen vokale.

§ 224.

Soester	mnd.	and.	wgerm.	Beispiel:
u = 1) *u*	*u*	*u*	*u*	§ 55a *ful* voll.
2) *u, i*		*w + i*	*i*	§ 55b *vustə* wusste.
3) *ū* verk. + nas.	*ū*		*ū*	§ 113, 2 *numədar* nachmittag.
4) *ū* verk.		*ū*	*û*	§ 122 *ludə* lautete:
				§ 129 *ruʒə* rauh.
ò = 1) *o*	*o*	*o*	*o*	§ 53, 1 *òsə* ochse.
2) *o*		*a + ld. lt*	*a*	§ 53, 2 *òlt* alt.
3) *ō¹* verk.		*ō¹*	*ō*	§ 118 *hòdə* hütete.
4) *ō²* verk.		*ō²*	*au*	§ 120 *dòftə* taufte;
				§ 132 *dòʒə* tau.
a = 1) *a*	*a*	*a*	*a*	§ 50 *hals* hals;
				§ 214 *vat* was.
2) *ar* + dent.		*ar*	*ar*	§ 85 *hàt* hart.
3) *ā* verk.		*ā*	*ā*	§ 113, 1 *daxtə* dachte.
ė = 1) *ë*		*ë*	*e*	§ 51a *slėct* schlecht.
2) *e*		*e*	*a[i]*	§ 51b *tėlə* zähle.
3) *e*		*i + nas.*	*i*	§ 51c *vėŋkə* winke.
4) *ē³* verk.		*ā [i]*	*ā (ė)*	§ 114 *rėst* rüstet.
5) *ē²* verk.		*ē²*	*ai*	§ 115, 1 *dėlt* geteilt;
				§ 126 *brėʒa* breiter.
6) *ē¹* verk.		*ē¹*	*iz*	§ 116, 1 *mėst* mietest.
7) *ē¹* verk.		*eo, io*	*eo*	§ 116, 2 *lėct* lieht.
8) *ē³ + i* verk.		*ū [i] + i*	*ū (ė) + i*	§ 125 *krėʒu* krähen.
9) *ei* verk.		*ei*	*a[i]i*	§ 131 *ėʒa* eier.
i = 1) *i*		*i*	*i*	§ 52a *driŋkə* trinke;
				§ 215 *ik* ich.
2) *i*		*ë*	*e*	§ 52b *cistan* gestern.

4*

Soester mnd.	and.	wgerm.	Beispiel:
3) i	e + nas.	(rom. e)	§ 52 b *finsta* fenster.
4) i	ē¹ + l, n verk.	ai [i]	§ 115, 2 *twintic* 20.
5) i	eo, io verk.	aiw	§ 116 anm. *nit* nicht.
6) ī verk.	ī	ī	§ 117 *licta* leicht;
			§ 127 *vign* weihen.
7) ī verk.	ī	in, im + stl. spir.	§ 117 *fiftic* 50.
ö = 1) ö¹	o [i]¹)	o	§ 54 a *döcta* töchter.
2) ǣ¹ verk.	ö¹ [i]	ö	§ 119 *söcin* suchten;
			§ 128 *blöʒə* blühe.
3) ṝ² verk.	ö² [i]	au	§ 121 *höcta* höhe;
			§ 133 *strögn* streuen.
4) ṝ² verk.	ö² [i]	an + s	§ 121 *cösl* günschen.
5) ṝ² verk.	ö² [i]	(rom. ō)	§ 121 *pöpl* pappel.
6) ō, ū verk.	iu	iu	§ 123, 2 *söcin* seufzen.
y = 1) ü	u [i]	u	§ 56 a *hyltn* hölzern.
2) ü	wi	wi	§ 56 b *tyskn* zwischen.
3) ü	e + n	(rom.a[i])§	56 c *synta* heilige.
4) ü	eo, io verk.	aiw	§ 116 anm. *yma* immer.
5) ü verk.	ü [i]	ū	§ 123 a *slyt* schliesst;
			§ 130 a *bryʒn* brauer.
6) ü verk.	iu	iu	§ 123 b *cyt* giesst;
			§ 130 b *klyʒn* knäuel.

β) Die langen vokale.

§ 225.
ą = 1) ā	ā	ā (ę̄)	§ 67 a *srāp* schaf;
			§ 205 *dü* da.
2) ā	aha	aha	§ 67 b *stāl* stabl m.
3) ā	ū	(rom. ā)	§ 68 *strūta* strasse, *pūta* pater.
4) ar + d	ar	ar	§ 85, 1 *bāt* hart.
5) or + l, d	or	or	§ 88, 1 *fūls* sofort.
6) or + t	or	(rom.or)	§ 88, 1 *pūta* pforte.
ǭ = 1) tl. o¹ + r	o	o	§ 88, 3 *smōrə* schmore.
2) tl. o² + r	u	u	§ 90, 2 *fūrə* furche.
ā = 1) tl. a	a	a	§ 57 *vāta* wasser.
2) ar	ar	ar	§ 85, 2, 3 *bā* bar.
3) ar	ër	er	§ 85, 2 *bā* ursus.
ę̄ =. 1) ę̄³	ā [i]	ā (ę̄)	§ 69 *cę̄və* gesund.
2) ër	ër	er	§ 86, 1, 2 *stę̄t* sterz.
3) er + s	er	ar [i]	§ 87, 2 *ę̄s* arsch.
4) er + s	ir	(rom. er[i])	§ 87, 2 *pęzək* pfirsich.
5) ē² + r	ē²	ai	§ 93 *ęrə* ehre.
ē̄ = tl. e + d	e	e	§ 107 b *dē* tat.
ǣ = ö¹r	or [i]	(rom.or)	§ 89, 1 *pǣtkn* pförtchen

---

¹) Der *i*-umlaut des *o* ist natürlich eine analogiebildung.

2. Diphthonge.

a) Die kurzen diphthonge.

§ 226.

Soester	mnd.	and.	wgerm.	Beispiel:
uī = 1) ī	ī	ī	ī	§ 73. 92 *vuīf* weib.
2) ī		ī	*in, im* +*f*	§ 73 *fuīf* 5.
3) ū		ū [i]	ū	§ 79a. 92 *kuīm* matt.
4) ū		iu	iu	§ 79b. 92 *duīstu* düster.
5) ī		i	(rom. ē)	§ 92. 161 anm. 235 *fuīa* feier.
6) tl. e² + d		i	i	§ 104 *huīc* leer.
7) tl. e¹ + d		e	a [i]	§ 104 *stuīa* stätte.
8) tl. ō² + d		u [i]	u	§ 110 *ruīa* rüde, hund.
9) tl. ō² + d		wi	wi	§ 110 *kuīan* sprechen.
òë = 1) ē²		ē²	ai	§ 71. 207 *òët* eid.
2) ē¹		ē¹	iz	§ 72, anmerk. 1 *mòëan* mieten.
3) ē¹		ē, eo, chu	chu	§ 72, anm. 1 *fòë* vieh.
4) ō²		ō² [i]	au	§ 77a. *dòëpa* taufe; § 98, 1 *ròëa* röhre.
5) ō²		ō² [i]	an + s, p	§ 77b *ròëza* gänse.
6) oi		euwi	auwi	§ 83 *hòë* heu.
7) e² + rd, rn		i	i	§ 87, 1 *hòëa* hirt.
8) e¹ + rd, rn		e	a [i]	§ 87, 1 *sxòëalnjk* schirling.
9) ō² + rn, rd		u [i]	u	§ 91, 1 *hòëa* hürde.
10) ē¹r		ē¹r	air [i]	§ 94a *òësta* erste.
11) ē¹ + r		eo, io	eo	§ 94b *nòëa* niere.
12) ō¹ + r		ō [i]	ō	§ 96 *ròëan* rühren.
aë = 1) ē¹		ē¹	ai [i]	§ 72a *vaëta* weizen.
2) ē¹		ē¹	e	§ 72b *laët* liess.
3) ē¹		ē¹	(rom. e)	§ 72b *spaëgl* spiegel.
4) ē¹		eo, iu	eo	§ 72c *duëf* dieb.
5) ē¹		ea, ëha	eha	§ 72d *saën* sehn.
6) ē¹		ē	e	§ 72e. 206 *vaë* wer.
7) ē¹		ō¹ [i]	ō	§ 75 *klacka* klüger.
8) ei		ei	ai	§ 81a *aë* ei.
9) ei		egi	agi	§ 81b *aësk* unheimlich.
aö = 1) ō¹		ō¹	ō	§ 74. 210 *haök* buch.
2) au, ou		au + w	au + w	§ 82 *xaö* schnell.
3) av		ab	ab	§ 153 *haök* habicht.
ëö = 1) ō²		ō²	au	§ 76a *drëöm* traum.
2) ō²		ō²	an + s, p	§ 76b *cëös* gans.
3) ō²		ö	versch.	§ 76c. 211. 216 *sëö* so.
4) o² + rn, rd		u	u	§ 90, 1 *fëöat* furt.
5) ō¹ + r		ō¹	ō	§ 95 *hëöa* hure.
iü = 1) ū		ū	ū	§ 78a. 92 *iüta* eule.
2) ū		ū	(rom. ō, ū)	§ 78a *iüa* uhr, *natüa* natur.
3) ū		ū	un + þ	§ 78a *siüa-* süder-.

Soester	mnd.	and.	wgerm.	Beispiel:
4) ū	w + ō	ō	§ 78 b viū wie.
uə =	tl. o²	u	u	§ 65 duənə donner.
iə = 1)	tl. e¹	e	a[i]	§ 60 sciəpl scheffol.
2)	tl. e²	i	i	§ 62 viətn wissen.
yə =	tl. ö²	u [i]	u	§ 66 kryəpl krüppel.
ęu = 1)	ē²r verk.	ār [i]	(rom. ar)	§ 114 meāzn- Marien-.
2)	ē¹r verk.	iar, ior	iwar	§ 116, 2 fęadl viertel.
3)	e¹r + d	er	ar[i]	§ 164, 2 fęadic fertig.
ǫə = 1)	tl. o¹	o	o	§ 63 xǫatə gosse;
				§ 109 bǫam boden;
2)	tl. o¹	w + a	a	§ 214 vǫat einige.
3)	o¹r + s imp.	ro	ro	§ 88, 4 fǫask frosch.
4)	o²r + t, s imp.	ur	w·	§ 90, 3 dǫast durst.
ęu = 1)	tl. ę̄	ę̄	e	§ 58 ęatn essen.
2)	ę̄r	ę̄r	er	§ 86, 4 cęastə gerste.
3)	ę̄r + s imp.	rę̄	re	§ 86, 4 bęastn bersten.
4)	e²r + t	ir	ir	§ 87, 5 hęatə- hirsch.
5)	e²r + s imp.	ir	(rom.y, i)	§ 87, 5 kęaspl kirchspiel.
6)	er + s, t (d)	ir, er	(r.er,ar[i])	§ 87 anm. kęasə kirsche.
ǫu = 1)	tl. ö¹	o [i]	o	§ 64 slǫata schlüsser;
				§ 109 bǫamə böden.
2)	ö¹r + s imp.	ro [i]	ro	§ 89, 4 fǫaskə frösche.
3)	ö²r	ur [i]	ur	§ 91, 3 stǫatn stürzen.
4)	ö²r + t, s imp.	ru [i]	ru	§ 91, 3 kǫastkn krüstchen.

β) Die langen diphthonge.

§ 227.

āu = 1)	ār	ār	ār (ē̜r)	§ 67 a. 92 jā̜u jahr.
2)	ar + n	ar	ar	§ 85, 1 xṳ̄an garn.
3)	o¹r + n, d	or	or	§ 88, 2 kṳ̄an korn.
4)	ō²r	ō²r	aur	§ 97 ā̜a ohr.
ęu = 1)	ē̜r + n, d	ē̜r	er	§ 86, 2 vę̄at wert.
2)	ē̜²r	ār [i]	ār (ē̜r)	§ 69. 92 scē̜a schere f.
3)	e²r + n	ir	ir	§ 87, 3 tvē̜an zwirn.
4)	ē̜²r	ē̜²r	air	§ 93. 208 bē̜a eber.
āa =	ö¹r + n, d	or [i]	or	§ 89, 2 wṳ̄atkn wörtchen.
ūə =	tl. o² + ʒ, v	u	u	§ 101 fūəʒl vogel.
iə = 1)	tl. e² + ʒ, v	i	i	§ 100a, b. 104 anm. īəʒl igel.
2)	tl. e¹ + ʒ, v	e	a[i]	§ 100 a, b hiəvl hebel.
yə =	tl. ö² + ʒ, v	u [i]	u	§ 102 hyəvl hobel.
ōu = 1)	o¹r	or	or	§ 88, 3 dōap dorf.
2)	o²r + lab. gutt.	ur	ur	§ 90, 2 vōam wurm.
3)	tl. o² + d	o	o	§ 108 rōan roden.
ęu = 1)	ē̜r	ę̄r	er	§ 86, 3 vē̜ak werk.
2)	e¹r	er	ar[i]	§ 87, 4 ē̜aml ermel.
3)	e²r	ir	(rom.yr,ir)	§ 87, 4 kē̜akə kirche.
4)	tl. ę̄ + d	ę̄	e	§ 107 a bē̜an beten.

Soester mnd.		and.	wgerm.	Beispiel:
ğa = 1) ö'r + lab. gutt.	or [i]	or	§ 89, 3 döapa dörfer.
2) ö²r		ur [i]	ur	§ 91, 2 böaza bürger.
3) tl. ö¹ + d		o [i]	o	§ 109 döakn kleines dotter.

II. Nebensilben.

1. Einfache vokale.

§ 228.

u =		ū verk.	ū	ū	§ 135 huzöëan hausiren.
ò =	1) ō² verk.		ō²	au	§ 135 viŋkòp weinkauf;
					§ 211 òk auch.
	2) a		a	a	§ 136 -skòp -schaft;
					§ 214 òva aber.
	3) ā verk.		ā	a (ę)	§ 205 dò da.
	4) o		o	o	§ 216 nò noch, jò ja.
	5) o, u		u	u	§ 217 òp auf.
a =	1) ā verk.		ā	ā (ę̄)	§ 135 a·mbax prahlerei.
	2) o		o	(rom. o)	§ 136 saldāta soldat.
	3) ō¹ verk.		ō¹	ō	§ 210 tam zum.
e =	a		a	a	§ 213 es als.
i =	i		i	i	§ 209 fi wir.
e =	1) e, ō¹ verk.		ō¹	ō	§ 135 bāvəs barfuss.
	2) a		a	(rom. a)	§ 135 tòməs Thomas.
	3) o		o	(rom. o)	§ 135 jəhanəs Johannes.
	4) ə		versch.	versch.	§ 135 māgət magd;
					§ 206 də der;
					§ 210 tə zu;
					§ 213 mə man;
	5) i		i	i	§ 135 numədax nachmittag;
					§ 209 fə wir;
					§ 215 ək ich.
	6) u		u	u	§ 212 də du.
v =	er		versch.vok.+r,·r		§ 138b hāma hammer.

2. Diphthonge.

§ 229.

ea =	1) ē²r	ē²r	air	§ 208 mèa mehr.
	2) a	a	a	§ 213 èa als.
ea =	a	a	a	§ 205 jęa ja.
ga =	ö²r	ur [i]	ur	§ 218 dǫa durch.

B. Analogiebildungen.

1. Einfache vokale.

a) Die kurzen vokale.

§ 230.

ò statt oa =	tl. o¹	o	s. 18¹) òpm offen.
ö statt e =	e	a [i]	§ 54b öta älter.

§ 231.
β) Die langen vokale.

Soester	mnd.	and.	wgerm.	Beispiel:
ē̦ statt *òē* =	*ē¹* + *r*	*ē¹*	*ai* [*i*]	§ 94 anm. *lerən* lehren.
ī statt *uī* =	tl. *e²* + *d*	*i*	*i*	§ 106 a, b *li'ən* litten.
ǖ 1) statt *ę̄* =	*ē³*	*ā* [*i*]	*ā*(*ẹ*)[*i*]	§ 70. 200 *scēpkn* schläfchen.
2) statt *òē* =	*e* + *rd, rn*	*e*	*a* [*i*]	(vgl. § 85, 1 und 87, 1) *bēɪ̯tkn* bärtchen.
3) statt *òē* =	*ē²* + *r*	*ō²* [*i*]	*au*	§ 98, 2 *hǟrə* höre.
ȳ 1) statt *uī* =	tl. *ö²* + *d*	*u* [*i*]	*u*	§ 111 *bÿ'ən* böten.
2) statt *ḡa* =	tl. *ö²* + *r*	*u* [*i*]	*u*	§ 272 anm. *frÿ'an* frören.

2. Diphthonge.

α) Die kurzen diphthonge.

§ 232.

òē statt *aē* =	1) *ē̆¹*	*ē¹*	*ai* [*i*]	§ 72 anm. 2 *dòèlə* teile.
	2) *ä̆¹*	*ō¹* [*i*]	*ō*	§ 96 anm. *fröè* frühe.
èö statt *aö* =	*ö¹*	*ö¹*	*ö¹*	§ 96 anm. *frèo* fruh.
èa statt *è* =	*e*	*e*	*a* [*i*]	*hèadə* hätte¹).
ęa statt *iə* =	tl. *e¹*	*e*	*a* [*i*]	§ 61 *ęmə* ziehne; § 105, 1 *femə* fäden.

§ 233.
d) Die langen diphthonge.

| *ęa* statt *uīa* = | tl. *e¹* + *der* | *e* | *a* [*i*] | § 105. 2 *rę̄a* räder. |
| *ǟ* statt *òèa* = | *e* + *rd* | *e* | *a* [*i*] | (vgl. § 85, 1 und 87, 1) *cǟns* gürten. |

Zweiter abschnitt.

Die fremdwörter in der Soester mundart; „missingsch".

Vorbemerkung.

§ 234. Wie schon in der einleitung § 2 bemerkt wurde, sind in unsere mundart schon eine menge fremdwörter, teils ausländischen, teils hochdeutschen ursprungs, eingedrungen und durch vornahme gewisser umgestaltungen dem ndd. sprachschatze einverleibt worden. Wie der westfale sich dieses fremde gut mundgerecht zu machen wusste, soll durch eine kurze darstellung des vokalismus und konsonantismus der gebräuchlichsten lehnwörter gezeigt werden. Dass unter letzteren sich besonders viele französische befinden, erklärt sich aus der geschichte unseres landes; wenngleich die regierung des lustigen königs Jérôme nicht lange dauerte, so brachte sie es doch manchen „welschen gast" in die sächsische sippe.

---

¹) S. später unter Formenlehre, schwaches verbum.

A. Vokalismus.

§ 235. Die kurzen vokale sind, wenn sie nicht durch synkope (s. oben § 137) ausgestossen wurden, meist unverändert geblieben; über einige umgestaltungen derselben vgl. oben § 135—136. Hier sei nur die volksetymologische umdeutung der vorsilbe in dem adj. *fənuïnic* 'giftig, erbost' erwähnt, das zu mnd. *fenīn* 'gift' aus latein. *venēnum* gehört und wie ein wort mit der partikel *ver-* aufgefasst wurde sowie die entstellung von frz. *plaisir* in *plusb̄ɛ̄a* (angelehnt an *plus* platz?) Im folgenden führe ich die veränderungen der langen vokale vor.

ē

§ 236. Langes *e* in fremdwörtern wird stets durch *ȫe* ersetzt, vgl. *pȫetɐ* Peter, *fȫɐ̄ɯ* fieber (= febris), *tȫe* thee, *kafȫe* kaffee, *èksprȫe* exprés, *stantɔ pȫe* staude pedo; derselbe diphthong tritt in der widergabe der franz. endung *-ieren* auf: *spatsȫɛ̄n* spazieren, *scēnȫɛ̄n* genieren u. s. w. Siehe oben § 71 und 94.

ī.

§ 237. Langes *ī* ist zu *uï* geworden, z. b. *masɛuïnɔ* maschine, *muïtɔ* f. miete (vgl. oben § 73), *duïn* tier (mit nd. anlaut).

ō.

§ 238. Nach vorbildern wie *drȫt* tot, *sȫ* so u. a. setzte man stets *ȫ* für langes *o* der fremdwörter ein. Ich nenne hier: *mȫdɔ* mode, *rȫzɔ* rose, *dȫzɔ* dose, *klȫstɐ* kloster (vgl. oben § 76).

ȫ.

§ 239. Der umlaut des vorigen ist natürlich *ȫ* (vgl. oben § 77 und 98): *rȫezɔkn* röschen, *klȫčstɐ* klöster.

ū.

§ 240. Wie altes *ū* (vgl. oben § 78) ist auch das neue *ū* in *iu* umgesetzt: *jiudɔ* jude, *piudl* pudel, *xriūs* gruss (sollte echt udd. *xrɑȫt heissen).

Anm. Grosse schwierigkeiten der erklärung bereitet das adj. gut: *xuɔt*, obliq. *xuɔdɔ* statt eines zu erwartenden *xaȫt, *xaȫɔ (vgl. oben § 74). — Wäre es hd. lehnwort, so müssten wir den diphthongen *iu* und den konsonanten *t* haben, und so bleibt nichts anderes übrig, als es zu nnl. goed (phonetisch *xut*) zu stellen; *uɔ* vertritt ja stets altes kurzes *u* in offener, betonter silbe (s. § 65). Der diphthong im einsilbigen nom. ist wie auch sonst ausgleichung an die casus obliqui. Wie erklärt sich aber eine entlehnung aus dem nnl. und die bekannte tatsache, dass im mnd. sehr häufig die form *gut, gude* erscheint? Aehnliche schwierigkeit bietet das von mir in P. Br. Beitr. X, 600 besprochene *xuɔnsdax* mittwoch.

ü.

§ 241. Der umlaut des vorigen ist *uï* (vgl. § 79), z. b. *xruïsn* grüssen statt eines zu erwartenden *xraëtn.

B. Konsonantismus.

§ 242. Fremdes *g* wird im **anlaut** durch *x* oder *c*, im **inlaut** durch *z* widergegeben (vgl. § 190 f.), *š* und *ž* regelmässig durch *sx* oder *sc* ersetzt. Die garde wird somit eine *xadə*, der general ein *cènərāl*; chaussée spricht man *sxusòë* oder *sxuzòë*, die (sic!) jour in der kaserne verwandelt sich in eine *sxūa* und der *sergeant* muss sich eine umstellung der zischlaute gefallen lassen, denn er heisst immerfort der *scènzant*. Die franz. nasalvokale werden durch vokal + *η* widergegeben: *trεη* train, *balòη* ballon.

§ 243. In folgenden wörtern ist hd. *s* statt des nd. *t* eingedrungen: *bis* bis (nur auf den dörfern noch *bit*), *lēŏs* loos in der lotterie, *xruīs* gruss, *xruīsn* grüssen, *kruīs* kreis, *klèŏs* kloss. — Um von der niederdeutschen, auf mundartlicher basis beruhenden aussprache des hochdeutschen ein bild zu geben, habe ich unter den sprachproben am schlusse dieses buches zwei strophen von Göthes 'Zueignung' mitgeteilt, wie sie ein echter Soester lesen würde.

Drittes buch.
Formenlehre.
Erster hauptteil.
Conjugation.

§ 244. Das verbum der Soester mundart hat
1) 2 tempora: praesens und praeteritum,
2) 3 modi: indicativ, optativ und imperativ,
3) 2 numeri: singular und plural, und
4) 2 verbalnomina: inf. praesentis und partip. pract.

Der opt. praes. ist nur in der 3. pers. sgl. fem. gebräuchlich; reste des alten ptcp. praes. sind als isolirte formen in adjektivischer bedeutung erhalten.

Erster abschnitt.
Starke verba.
I. Die endungen[1]).
1. Präsens.

§ 245. Ind. sgl. -ə, —; -(ə)*st*; -(ə)*t*, [-(ə)*d*]; pl. -(ə)*t*, [-(ə)*d*], -ə, —.
Opt. „   -ə,—.
Imp. „   —;   „ -(ə)*t*, [-(ə)*d*].
Inf. -(ə)*n*, -*m*.

---

[1]) Abgesehn von denjenigen des verbum substantivum.

2. Präteritum.

Ind. sgl. —; -(ə)st; —; pl. -(ə)n, -m.
Opt. „ -ə; -(ə)st; -ə; „ -(ə)n, -m.
Ptcp. -(ə)n, -m.

Bemerkungen über die endungen.

§ 246. 1) Die 1. sgl. ind. präs. ist endungslos bei den verben, deren stamm auf a ausgeht, z. b. *trēa* trete, während die andern vokalisch auslautenden entweder -ə oder keine endung haben, vgl. *daö* und *daöə* tue; bei den übrigen verben wird im sandhi vor dem pronomen *ik* 'ich' das -ə elidirt, z. b. *lèn̄pik* laufe ich.

§ 247. 2) Die 2. 3. sgl. ind. präs. hat die endung -əst, -ət in folgenden fällen:

a) nach wurzelauslautendem *p, m, k, ŋ*, nach *t, d, s* fortis und *t* das hinter einem konsonanten steht. Beispiele sind: *sypəst* säufst, *svèmət* schwimmt, *kyəməst* kommst, *drinkət* trinkt, *sprinəst* springst, *sitət* sitzt, *bidəst* bittest, *vèsət* wächst, *smèltəst* schmilzt, *biəstət* birst, *flèctəst* flichst;

b) nach den lenes *t, ʒ* und *z* nur dann, wenn der vorhergehende vokal keine verkürzung erlitten hat, z. b. *iətəst* issest, *miətət* misst, *drīəʒəst* trägst, *liəzət* liest.

§ 248. 3) In allen übrigen fällen stehen die endungen -st und -t, z. b. *blifst* bleibst, *lyct* lügt, *fryst* frierst, friert, *xrinst* greinst, weinst, *spint* spinnt, *kvèlt* quillt, *scēat* scheert, *finst, fint* findest, findet, *hèlst* hältst, *vēat* wird, *xlist* gleitest, *byt* bietet, *bist* beissest, *smit* schmeisst. Dabei werden die stimmhaften spiranten im wurzelauslaut stimmlos, *t* und *d* schwinden vor *st* und vereinigen sich mit *t* zu einfachem *t*.

§ 249. 4) Die endung des pl. präs. ist in der regel -ət, nur nach *n, l* und *r* (a) tritt synkope des -ə ein, vgl. *xruint* greinen, weinen, *spint* spinnen, *fint* finden, *fult* fallen, *hòlt* halten, *scēat* scheren, *vēat* werden.

§ 250. 5) Vor den enklitisch antretenden persönlichen fürwörtern der 1. und 2. person ist dagegen von alters her die form ohne -t gebräuchlich, vgl. mnd. *drinke wi* trinken wir, *schrive ghi* schreibt ihr. Vor dem pronomen *ui, i* 'ihr' wird -ə elidirt, z. b. *fraēzi* friert ihr, *çatui* esst ihr, vor *fui, fi* 'wir' dagegen nur bei denjenigen verben, welche die 2. 3. sgl. auf -st, -t ohne -ə- bilden. Es heisst also: *drinkə fui* drinken wir, *kuəmə fi* kommen wir, aber: *finfi* finden wir, *bluifi* bleiben wir.

§ 251. 6) Die in eckigen klammern angeführten endungen der 3. sgl. und des plur. ind. und imp. präs. treten ein, wenn das verbum auf stimmhaften consonanten oder vocal ausgeht und auf die verbalform im satzgefüge ein vocalisch anlautendes enklitisch angelehntes wort folgt, z. b. wie in *sypədət* säuft es, *bəkuikədət* beschauen es, *xrindət* weint es, *vēadət* werden es u. s. w. In diesem *d* tritt natürlich das a n d. *d* — vgl. *fellid, fullad* — wider hervor, das für gewöhnlich als stimmhafter consonant im auslaut stimmlos werden musste.

§ 252. 7) Wie schon bemerkt, kommt der opt. präs. nur in der 3. sgl. und zwar als anrede an frauen und mädchen niederen standes und weibliche dienstboten vor, die man weder mit du noch mit Sie ansprechen kann oder will und wird stets imperativisch verwendet. Es ist die bekannte im zeitalter Friedrichs des grossen übliche indirekte aufforderungsweise: komme sie! und hat stets die kurze form des pronomens zə als enklitikon nach sich. z ist aus ursprünglichem s (saé, sə) in der stellung zwischen vocalen stimmhaft geworden. Beispiele sind: ɣatəzə esse sie, bluivəzə bleibe sie!

Ob in fällen wie kuïksə sehe sie, leöpsə laufe sie, synkope des ə oder anlehnung an die imperativform — resp. übernahme derselben — vorliegt, vermag ich nicht zu entscheiden.

§ 253. 8) Der inf. hat nur nach labialen die endung -m wie in leöpm laufen, bluibm bleiben, sonst -n. -ən steht nach vocalisch (ausser auf a) auslautenden verbalstämmen, z. b. in baëən bieten, lāən laden (aber vɣan werden).

§ 254. 9) Was vom infinitiv gesagt ist, gilt auch von dem plur. ind. und opt. prät. und vom ptcp. prät., vgl. die formen lyəzn lasen, läsen, kryəpm krochen, ri'ən ritten; — vasn. gewachsen, funn gefunden, soəpm gesoffen, böan geboten, aber li'ən gelitten.

§ 255. 10) Die endung der 2. sgl. ind. und opt. prät. lautet meistens -əst; ohne ə erscheint sie nur, wenn das verbum auf n, l und a ausgeht, vgl. scianst schienest, felst fielest, frÿ'ast frorest, frörest.

§ 256. 11) Das ptcp. prät. hat das alte präfix gi- verloren, nur in cɣatn gegessen hat es sich durch verwachsen mit dem wurzelanlaut erhalten. Regelmässig steht es dagegen überall, wo ein ptcp. prät. adjectivisch verwendet wird, also stets in attributiver stellung. Es heisst zwar: də iüa hɣat slägn die uhr hat geschlagen, aber: nə .ɣəslägənə stunə eine geschlagene stunde.

II. Flexion.

§ 257. Folgende allgemeine bemerkungen mögen voranstehen:

1) Wo der alte unterschied zwischen dem vocalismus der 1. und 3. sgl. ind. prät. und dem plur. ind. sowie dem opt. prät. noch erhalten ist, da zeigt auch noch die 2. sgl. ind. prät. ihren ursprünglichen, mit dem plur. ind. und dem opt. desselben tempus übereinstimmenden wurzelvocal;

2) schon im mind. hat bei umlautsfähigem wurzelvocal der letztere durch anschluss an den opt. auch in der 2. sgl. ind. und im pl. ind. prät. umlaut erlitten.

A. Ablautende verba.
I. Ablautsreihe.

§ 258.

wgerm.	ī	— ai	— i	— i,
and.	ī	— ê²	— i	— i,
mnd.	i, i	— ē²	— tl. e²	— tl. e²,

Soest.
{ α) ui̯, i — ŏĕ — iə — iə,
β) ui, i — ŏĕ — iə — iə,
γ) ui̯, i — ŏĕ — i — ī.

§ 259. Zu der dreifachen vertretung der ursprünglichen ablautsvocale ist folgendes zu bemerken:

1) Die unter a) zusammengestellten laute und lautverbindungen sind die nach den §§ 73, 71 und 62 zu erwartenden; kurzes *i* tritt in der 2. und 3. person sgl. ind. präs. vor doppelconsonanz gemäss § 117 ein;

2) *iə* unter β) ist die unter § 100 besprochene dehnung vor *z* und *v*;

3) das lange *ī*, welches als vertreter von mnd. tl. e^2 in γ) erscheint. ist oben § 106, a besprochen worden. Es kommt nur bei den verben vor, deren stamm auf (jetzt geschwundenes) *d* ausging. — Weiteres siehe unter den bemerkungen zu den verschiedenen paradigmen.

§ 260. Ad a) 1. mit *k* und *p*; paradigma: *kui̯kə* sehe, schaue.
Präs. ind. *kui̯kə, kikəst, kikət, kui̯kət* (enkl. *kui̯kə fi*); opt. *kui̯kə*; imp. *kui̯k, kui̯kət*; inf. *kui̯kn*. — Prät. ind. 1. 3. *kŏĕk, kiəkəst, kiəkn*; opt. *kiəkə, kiəkəst, kiəkn*; ptcp. *kiəkn*.

Ebenso gehen: *slui̯kə* schleiche, *strui̯kə* streiche, *zlui̯kə* gleiche, *fablui̯kə* verbleiche, *vui̯kə* weiche, *kvui̯kə* quieke, *xrui̯pə* greife, *knui̯pə* kneife, *slui̯pə* schleife, *pui̯pə* pfeife.

Anm. Die kürze des wurzelvocals mit folgender fortis in *kikəst, kikət* ist ausgleichung nach den übrigen entsprechenden formen dieser ablautsreihe, wo die verbalform auf mehrfache consonanz ausgeht.

§ 261. 2. Die verba welche auf *n* ausgehn, flectiren gerade so, nur dass sie statt *-əst* und *-ət* stets *-st* und *-t* haben, also von *xrui̯nə* weine: *xrinst, xrint, xrui̯nt, xriənst* gebildet wird.

Ebenso gehen: *szrui̯nn* schmerzen, brennen; von wunden, *kui̯nn* auswachsen, keimen (beide nur im inf., ptcp. und der 3. pers. sgl. u. pl. gebräuchlich), *sxui̯nə* scheine; auch das isolirte ptcp. *fakviənn* verkümmert, verdorrt z. b. von einem finger, fusse, einer hand — gehört hierher (mhd. verquinen, st. v.).

§ 262. 3. Mit *z* (*s*); paradigma: *vui̯zə* weise, zeige.
Präs. ind. *vui̯zə*, 2. 3. *vist, vui̯zət*; opt. *vui̯zə*; imp. *vui̯s*; inf. *vui̯zn*. — Prät. ind. *vŏĕs, viəzəst, viəzn*; opt. *viəzə*; ptcp. *viəzn*.

So gehen noch *amprui̯zn* anpreisen, *rui̯zn* propfen (zu nhd. reisn.).

§ 263. 4. Mit *t*; paradigma: *bui̯tə* beisse.
Dasselbe geht genau wie *kui̯kə* (§ 260), nur lautet die 2. sgl. ind. präs. *bist* statt **bitst*, (vgl. oben § 160) die dritte *bit*.

So flectiren ausserdem: *rui̯tn* reissen, *szui̯tn* schelssen, *smui̯tn* schmeissen, werfen, *slui̯tn* schleissen, *splui̯tn* spleissen.

Ad β) 1. Mit *z* (*c*); paradigma: *stui̯zə* steige.
Präsens: ind. *stui̯zə, sticst, stict, stui̯zət*; opt. *stui̯zə*; imp. *stui̯c*; inf. *stui̯zn*. — Prät. ind. 1. 3. *stŏĕc, stiəzəst, stiəzn*; opt. *stiəzə*; ptcp. *stiəzn*.

Ebenso gehen: *krui̯zə* bekomme, erhalte, refl. sich etw. nehmen, *mui̯zə* mingo, *svui̯zə* schweige.

§ 264. 2. Mit *v* (*f*); paradigma: *drui̯və* treibe.

Präs. ind. *druĭvə, drifst drift, druĭvət;* opt. *druĭvə:* imp. *druĭf;* inf. *druĭbm;* — prät. ind. 1. 3. *dröёf, driəvest, driəvn (driəbm);* opt. *driəvə;* ptcp. *driəvn (driəbm).*

Ebenso geben noch: *blulvə* bleibe, *frulvə* reibe, *sxrulvə* schreibe. Anm. Ueber den wechsel von *vn* und *bm* vgl. § 152.

§ 265. Ad γ) Mit geschwundenem *d (t);* paradigma: *ruīə* reite. Präs. ind. *ruīə, rist, rit, ruĭət;* opt. *ruĭə;* imp. *ruīt;* inf. *ruĭən;* — prät. ind. *rōёt, ri'əst, ri'ən;* opt. *ri'ə;* ptcp. *ri'ən.*

So flectiren: *xtulə* gleite, *lulə* leide, *snulə* schneide, *strulə* streite, *mulə* meide, *sxrulə* schreite.

Anm. 1. *rist* steht zunächst für *ritst,* vgl. oben § 161.

Anm. 2. Die ursprünglich auch in diese klasse gehörigen verba *spiʒn* speien, *sniʒn* schneien, *sxriʒn* schreien, *diʒn* gedeihen, *riʒn* reihen und *tiʒn* zeihen sind in folge ihrer eigenartigen lautlichen entwicklung in die schwache flexion übergetreten.

II. Ablautsreihe.

§ 266. Hier sind von alters her zwei klassen von verben zu unterscheiden, nämlich

1) solche, die im präsensstamme einen diphthongen aufzuweisen haben („imperfect-praesentia"),

2) solche, die dort einen langen vocal (*ū*) zeigen (aorist-praesentia").

1. Imp. praesentia.

wgerm.	*eo, iu*	— *au*	— *u*	— *o,*
and.	*eo (io), iu*	— *ō²*	— *u*	— *o,*
mnd.	*ē¹ (ei), ū, ü,*	— *ō²*	— tl. *ō²*	— tl. *o¹,*
Soest.	α) *uё̄, y*	— *ёū*	— *yə*	— *oı,*
	β) *aё̄, y*	— *ёū*	— *ȳə*	— *ɷı,*
	γ) *aё̄, y*	— *ёū*	— *ȳ*	— *ɷı,*
	δ) *aё̄, y*	— *ёū*	— *y*	— *ɷı.*

2. Aor. praesentia.

wgerm.	*ū*	— *au*	— *u*	— *o,*
and.	*ū*	— *ō²*	— *u*	— *o,*
mnd.	*ū, ü, ü*	— *ō²*	— tl. *ō²*	— tl. *o¹,*
Soest.	α) *iū, y*	— *ёū*	— *yə*	— *ɷı,*
	β) *iū, y*	— *ёū*	— *ȳə*	— *ɷı.*

§ 267. Bei der ersten klasse ist zu bemerken:

1) Die reihe α) weist die regelmässige vertretung der älteren vocale auf, vgl. die §§ 72c, 76a, 66 und 63. Die verkürzung des mnd. *ū* zu *y* findet vor doppelconsonanz in der 2. pers. sgl. ind. präs. gemäss § 123, 1 b statt.

2) Das unter β) vorkommende *ȳə* tritt vor *ʒ* und *v* nach § 102 ein.

3) *ȳ,* wie es sich bei γ) findet, ist die vor *d* eingetretene und bereits in § 111 erörterte neubildung. Ebenso ist das dort vorkommende

ÿa die aus demselben grunde geschehene dehnung, worüber § 108 zu vergleichen ist.

4) Die abteilung δ) endlich zeigt die vor r nach den §§ 88, 3 entstandene dehnung und qualitätsveränderung.

5) Der ursprüngliche *i*-umlaut in der 2. sgl. imp. (vgl. z. b. and. *giut* 'giess') ist durch neubildung nach den formen mit *aë* (= and. *eo, io*) beseitigt; es heisst also *xaët* u. s. w.

§ 268. Zu der zweiten klasse erwähne ich ausserdem noch:
1) *iü* steht regelmässig nach § 78, a;
2) *ÿə* tritt unter denselben verhältnissen ein, auf die soeben unter 2) verwiesen worden ist.

1. Imperfect-präsentia.

§ 269. Ad *a*) Mit *t*; *xaëtə* giesse.
Praes. ind. *xaëtə, cyst, cyt, xaëtət*; opt. *xaëtə*; imp. *xaët*; inf. *xaëtn*. — Prät. ind. *ceöt, cyətəst, cyətn*; opt. *cyətə*; ptcp. *xoatn*.
So noch *sxaëtə* schiesse, *fadraëtə* verdriesse, *flaëtə* fliesse, *xənaëtə* geniesse.

§ 270. Ad *β*) Mit *z* (*x*, *c*); paradigma; *flaëzə* fliege.
Präs. ind. *flaëzə, flycst, flyct, flaëzət*; opt. *flaëzə*; imp. *flaëc*; inf. *flaëzn*. — Prät. ind. *flëöx, flÿəzəst, flÿəzn*; opt. *flÿəzə*; ptcp. *floazn*.
So gehen noch: *bədraëzə* betrüge, *iək draëzə mi öp* ich verlasse mich auf, *laëzə* lüge und die präteritalformen *bëöx* bog u. s. w., zu welcher der präsensstamm von dem schw. verb. *böëzn* beugen, biegen gebildet wird.

§ 271. Ad *γ*) Mit geschwundenem *d* (*t*); einziges beispiel: *baëə* biete.
Präs. ind. *baëə, byst, byt, baëət*; opt. *baëə*; imp. *baë*; inf. *baëən*. — Prät. ind. *bëöt, bÿ'əst, bÿ'ən*; opt. *bÿ'ə*; ptcp. *bøan*.

§ 272. Ad *δ*) Mit *z* (*s*), *r*; paradigma: *fraëzə* friere.
Präs. ind. *fraëzə*, 2. 3. *fryst, fraëzət*; opt. *fraëzə*; imp. *fraës*; inf. *fraëzn*. — Prät. ind. *frëös, frÿ'əst, frÿ'ən*; opt. *frÿrə*; ptcp. *frøan*.
So noch *falaëzə* verliere.

Anm. Das *ÿ* im prät. ist nicht lautgesetzlich, denn die fortsetzung von and. *frurin* wäre *frøən* (vgl. § 91, 2), sondern eine ausgleichung nach den entsprechenden formen dieser klasse, wie *bÿ'ən, flÿəzn, scÿərn*. Das *ə* verschmolz dann mit dem folgenden *a*.

2. Aorist-präsentia.

§ 273. Ad *a*) 1. mit *p* und *k*; paradigma *riñkə* rieche.
Präs. ind. *riñkə, rykəst, rykət, riñkət*; opt. *riñkə*; imp. *riñk*; inf. *riñkn*. — Prät. ind. *rëök, ryəkəst, ryəkn*; opt. *ryəkə*; ptcp. *roakn*.
So gehen ferner: *sliñkə* schlucke, *kriüpə* krieche, *siüpə* saufe, und das isolirte ptcp. *bədoapm* benetzt, mit wasser bedeckt, voll, — *diüpə* tauche ist selbst ein schwaches verbum geworden.

Anm. Die vocalverkürzung in *rykəst, rykət* ist eine gleiche analogiebildung, wie die oben § 260 anm. besprochene.

§ 274. 2. Mit *t*; paradigma; *sliütə* schliesse. Dasselbe flectirt genau wie das vorige verbum, nur die formen *slyst* schliessest und *slyt* er schliesst weichen davon ab.

Ebenso geht nur noch *spriüln* spriessen.

§ 275. Ad β) 1. Mit *z* (*r*, *c*); einziges beispiel: *siügə* sauge. Präs. ind. *siügə, sycst, syct, siügət*; opt. *siügə*; imp. *siüx*; inf. *siügn*. — Prät. int. *sèöx, syəgəst, syəgn*; opt. *syəgə*; ptcp. *soagn*.

§ 276. 2. Mit *v* (*f*); paradigma: *sciüvə* schiebe. Präs. ind. *sciüvə, scyfst, scyft, sciüvət*; opt. *sciüvə*; imp. *sciüf*; inf. *sciüvn* (*sciübm*). — Prät. ind. *scèöf, scyəvəst, scyəvn* (*scyəbm*); opt. *scyəvə*; ptcp. *sxoavn* (*sxoabm*).

Hierher gehören: *sxriüvə* schraube, *sniüvə* schnaube, schnupfe, *stiüvə* staube.

III. Ablautsreihe.

§ 277. In der älteren zeit wurden hier zwei abteilungen unterschieden, nämlich

1) solche mit doppeltem nasal oder nasal + consonant hinter dem wurzelvocal,

2) solche mit doppeltem *l* oder *r* oder *l, r* + consonant im stammauslaut.

Jene hatten im präsens-stamme stets *i*, im ptcp. prät. *u*, diese an ersterer stelle wechsel von *ë* und *i*, letzteres *o*. — In der heutigen mundart ist der wechsel von *ë* und *i* zu gunsten des *ë* aufgegeben und statt des *o* im ptcp. *u* durchgeführt. Der unterschied zwischen dem vocal des sgl. und pl. prät. ist bewahrt, jedoch dringt auch schon vielfach *u* statt *a* ein.

Die vocalverhältnisse dieser reihe gruppiren sich in schematischer darstellung folgendermassen:

1. Mit *n* gemin. und *n* + cons.

wgerm. *i* — *a*   — *u* — *u*,
and.   *i* — *a*   — *u* — *u*,
mnd.   *i* — *a*   — *ü* — *u*,
Soest. *i* — *a* (*u*) — *y* — *u*.

2. Mit anderm stammauslaut.

wgerm. *ē, i* — *a*   — *u* — *o*,
and.   *ë, i* — *a*   — *u* — *o*,
mnd.   *ë, i* — *a*   — *ü* — *o*,
Soest.
   α) *ē*   — *a* (*u*) — *y* — *u*,
   β) *ēa, iə* — *a*   — *yə* — *oa*,
   γ) *ēa, īə* — *a*   — *yə* — *iə*,
   δ) *ē*   — *ą*   — *ǖ* — *ū*.

§ 278. Hierbei ist zu bemerken:

1) nach 2 *a*) gehen die verba mit *l* fortis oder *l* + cons. sowie folgende ursprünglich der ersten abteilung angehörenden: *krèmpə, vèŋkə, svèmə, klèmə* und *xlèmə*, über deren *è* statt *i* schon § 51c gehandelt ist.

2) Zu β) gehören die verba mit dem stammausgange *r* + *st, sk*, deren vocalismus sich nach den in § 86, 4, § 85 und § 88, 4 ent-

wickelten gesetzen regelt. Ueber einige neubildungen siehe die anmerkung zum paradigma.

3) Unter γ) stellen sich die verba mit dem anslaut r + v, z, über deren vokalverhältnisse § 86, 3, § 85, 3 und § 88, 3 aufschluss geben.

4) Nach δ) endlich geht das verbum vẹ̄rə werde, wozu § 86, 2, § 85, 1 und § 88, 2 zu vergleichen sind.

5) Der sgl. imp. hat in der zweiten abteilung ausser bei den nach dem schema von γ) flectirenden verben den *i*-umlaut des wurzelvokals aufgegeben.

1. abteilung.

§ 279. Mit *n* gemin. oder *n* + kons.; paradigmen: *driŋkə* trinke, *spinə* spinne und *finə* finde.

Präs. ind. *driŋkə, driŋkəst, driŋkət, driŋkət*; opt. *driŋkə*; imp. *driŋk*; inf. *driŋkn*. — Prät. ind. *draŋk* und *druŋk, drynkəst, dryŋkn*; opt. *dryŋkə*; ptcp. *druŋkn*.

So gehen noch: *siŋkə* sinke, *stiŋkə* stinke, *hiŋkə* hinke; *siŋə* singe, *driŋə* dringe, *kliŋə* klinge, *zəliŋn* gelingen, *friŋə* ringe aus, *spriŋə* springe, *sviŋə* schwinge, *tviŋə* zwinge, *sliŋə* schlinge, *sik iñtbədiŋn* sich ausbedingen.

§ 280. *spinə* hat statt -*əst*, -*ət*, bloss -*st*, -*t*, also: *spinst, spint, spynst*.

Das prät. heisst *span*.

Ebenso flectiren: *rinn* rinnen, *sik bəsinn* sich besinnen, *zəvinn* gewinnen.

§ 281. Präs. ind. *finə, finst, fint, fint*; opt. *finə*; imp. *fint*; inf. *finn*. — Prät. ind. *fant* und *funt, fyntəst, fyntn*; opt. *fyntə*; ptcp. *funn*.

So gehen ferner: *binə* binde, *vinə* winde, *fasvinə* verschwinde, *szrinn* brennen (von wunden), *scinə* schinde, quäle, plage.

Der pl. und opt. prät. zeigen in ihrem *t* durchführung des auslautes der 1. und 3. pers. sgl. ind. prät., neben der starken form der letzteren wird auch bereits eine aus den plur. und opt. formen erschlossene schwache *funtə* etc. gebraucht, die nach dem verhältnis von *drǒmtə* zu *drǒmtn* 'träumte' u. a. gebildet ist.

2. abteilung.

§ 282. Ad *a*) Mit *l* gem. oder + cons., *m* gem. oder + cons. und *ŋk*; paradigmen: *hèlpə* helfe, *svèlə* schwelle, *cèlə* gelte, *smèltə* schmelze.

Präs. ind. *hèlpə, hèlpəst, hèlpət, hèlpət*; opt. *hèlpə*; imp. *hèlp*; inf. *hèlpm*. — Prät. ind. *halp* und *hulp, hylpəst, hylpm*; opt. *hylpə*; ptcp. *hulpm*.

So gehen: *mèlkə* melke; *krèmpm* krimpfen, sich zusammenziehen; *vèŋkə* winke; *svèmə* schwimme, *klèmə* klimme, *zlèmm* glimmen.

Diese haben aber im sgl. prät. niemals *a*.

§ 283. Präs. ind. *svèlə, svèlst, svèlt, svèlt*; opt. *svèlə*; imp. *svèl, svèl*; inf. *svèl'n*. — Prät. ind. *svul, svylst, svyl'n*; opt. *svylə*; ptcp. *svul'n*.

So geht noch *kvèl'n* quellen.

§ 284. Präs. ind. *cĕlə, cĕlst, cĕlt, cĕlt*: inf. *cĕl'n*. — Prät. ind. *xult* und *xult, cyltn*; opt. *cyltə*; ptcp. *xul'n*.
Anm. Auch hier ist das *t* in den pl. prät. gedrungen.

§ 285. Präs. ind. *smĕltə, smĕltəst, smĕltət, smĕltət*; opt. *smĕltə*; inf. *smĕltn*. — Prät ind. *smult, smyltəst, smyltn*; opt. *smyltə*; ptcp. *smultn*.

§ 286. Ad β) Mit *r + st, sk;* paradigma: *bę̄astə* berste. Präs. ind. *bę̄astə, biəstəst, biəstət, bę̄astət*; opt. *bę̄astə*; imp. *biəst, bę̄astət*; inf. *bę̄astn*. — Prät. ind. *bəst, byəstəst, byəstn*; opt. *byəstə*; ptcp. *bǫastn*.
So geht noch *dęaskn* dreschen.

Anm. Weder *iə* noch *yə* in den formen dieses verbums sind lautgesetzlich entstanden, es sind vielmehr neubildungen nach dem muster der 2., 4. und 5. ablautsreihe sowie der mischklasse (VII). Nach dem verhältnis nämlich von *brę̄akə* 'breche' zu *briəkəst, briəkət, briək*, — *ę̄atə* 'esse' zu *iətəst, iətət, iət*, — *lę̄azə* 'lese' zu *liəzəst, liəzət, liəs* u. a. m. schuf man *biəstəst, biəstət, biəst* zu *bę̄astə* mit *iə* statt des zu erwartenden *ę̄a* (vgl. § 86, 4); nach dem verhältnis von *slǫatn* 'geschlossen' zu *slyətn, bəfǫal'n* 'befohlen' zu *bəfyəl'n* ist *byəstn* mit *yə* statt *ǫa* (vgl. § 91, 3) zu *bǫastn* gebildet worden.

§ 287. Ad γ) Mit *r + v, ʒ;* paradigma: *fadę̄avə* verderbe.
Präs. ind. *fadę̄avə, fadiəvəst, fadiəvət, fadę̄avət*; imp. *fadiəf*; inf. *fadę̄avn* (*fadę̄abm*). — Prät. ind. *fadarf, fadÿəvəst, fadÿəvn* (*fadÿəlm*); opt. *fadÿərə*; ptcp. *fadÿavn* (*fadṇabm*).
So gehen noch: *stę̄avə* sterbe, *avę̄arə* erwerbe; von *fabę̄aʒn* 'verbergen' sind nur wenige formen gebräuchlich, ausser dem inf. vielleicht nur das ptcp. *fabǫaʒn*.

Anm. *iə* in einigen formen des präsens-stammes ist dieselbe neubildung, die eben § 286 anm. besprochen wurde; *iə* musste vor *v* zu *ə* gedehnt werden, vgl. § 100.

§ 288. Ad δ) Mit *rd*; einziges beispiel: *vę̄rə* werde.
Präs. ind. *vę̄rə, vę̄ast, vę̄at, vę̄at*; opt. *vę̄a*; imp. *vę̄a*; inf. *vę̄an*. — Prät. ind. *vǭa, vǭast, vǣan*; opt. *vǣ'a*; ptcp. *vǟan*.

Anm. Die 1. und 3. pers. sgl. ind. prät. sollten eigentlich entsprechend dem nhd. *ward*, ein *t* am ende haben. Dasselbe ist durch ausgleichung nach den übrigen formen des ind. uud opt. prät., wo das inlautende *d* nach *r* und vor einem vocal schwinden musste — vgl. § 165 — abgestossen worden. Das *æa* im prät. steht an stelle von *°ǭa* durch anschluss an den vocalismus der 1. und 3. sgl. ind. prät. und des ptcp. prät.

IV. Ablautsreihe.

§ 289. In dieser reihe stehen zwei ursprünglich verschiedene klassen von verben, von denen die erste im präsensstamme *ē* und *i*, im ptcp. prät. *o* hat, während die andere hier beidemale *u* aufweist.

1. abteilung.

wgerm.	*ē, i*	— *a*	— *ā (ē)*	— *o,*
and.	*ë, i*	— *a*	— *ā*	— *o,*
mnd.	tl. *ē*, tl. *e*²	— *a*	— *ē*³	— tl. *o*¹
Soest.	α) *ę̄a, iə*	— *a*	— *ė*	— *ǫa,*
	β) *ę̄a, iə*	— *ā*	— *ę̄*	— *ǫa,*
	γ) *ę̄a*	— *ṇa*	— *ṇa*	— *ṇa.*

2. abteilung.

wgerm. *u* — *a* — *ū* (*ē̆*) — *u*,
and. *u* — *a* — *ā* — *u*.
mnd. tl. *o²*, tl. *ö²* — *a* — *ẹ³* — tl. *o²*,
Soest. *uə, yə* — *a* — *ē̆* — *uə*.

§ 290. 1) Die vocalverhältnisse unter α) sind durchaus regelmässig, vgl. die §§ 58, 62 und 63. Nur das *ė* im pl. prät. statt *ē̆* ist eine neubildung im anschluss an das kurze *a* des sgl. Es gehören dazu die verba mit *k* und *p* im stammauslaut.

2) Unter β) haben wir im sgl. prät. länge des wurzelvocals durch ausgleichung[1]) an den plural.

3) Unter γ) stellen sich die verba mit *r*, die im präsens *ẹ̄a* und im ptcp. *ō̆a* nach § 86, 3 und § 88, 3 entwickelt haben, während das prät. neugebildet ist.

1. abteilung.

§ 291. Ad α) Mit *k* und *p*; paradigma: *brẹakn* brechen.

Präs. ind. *brẹakə, briəkəst, briəkət, brẹakət*; opt. *brẹakə*; inf. *briək, brẹakət*. — Prät. ind. *brak, brèkəst, brèkn*; opt. *brèkə*; ptcp. *brǫakn*.

So gehen: *sprẹakn* sprechen und *drẹapm* treffen.

Anm. Die 2. sgl. imp. *briək* zeigt hier wie im folgenden ausgleichung nach dem sgl. ind. präs.; lautgesetzlich müsste sie *brik heissen.

§ 292. Ad β) Mit *m*; einziges beispiel: *nẹamə* nehme.

Präs. ind. *nẹamə, niəməst, niəmət, nẹamət*; opt. *nẹamə*; imp. *niəm, nẹamət*; inf. *nẹamm*. — Prät. *nām, nē̆məst, nē̆mm*; opt. *nē̆mə*; ptcp. *nǫamm*.

Anm. Ueber die durch ausgleichung entstandene länge in *nām* vgl. die fussnote zu § 290, 2.

§ 293. Ad γ) Mit *r*; einziges beispiel: *scē̆a(rə)* schere.

Präs. ind. *scē̆a(rə), scē̆ast, scē̆at, scē̆at*; opt. *scē̆a(rə)*; imp. *scē̆a*. — Prät. ind. *sxō̆a, scō̆ast, scō̆an*; opt. *scō̆a* (*scō̆rə*); ptcp. *sxō̆an*.

Ebenso geht *svẹan* 1. schwören, 2. schwären. Von and. *giberan* ist nur noch das ptcp. *bō̆an* 'geboren' im gebrauch.

Anm.· Wegen der doppelformen mit oder ohne *r* vgl. oben § 140.

2. abteilung.

§ 294. *kuəmə* komme.

Präs. ind. *kuəmə, kyəməst, kyəmət, kuəmət*; opt. *kuəmə*; imp. *kuəm, kuəmət*; inf. *kuəmm*. — Prät. ind. *kām, kē̆məst, kē̆mm*; opt. *kē̆mə*; ptcp. *kuəmm*.

---

[1]) Wie später beim substantiv nachgewiesen werden wird, nehmen die einsilbigen formen von wörtern mit kurzem *a*, welche auf *l, m* oder *n* auslauten, durch ausgleichung nach den mehrsilbigen formen, wo *ā* tondehnung erfuhr, gedehnten vocal an, vgl. *smāl* schmal, *tām* zahm und *tān* zahn.

Anm. Nach dem and. prät. quam, quāmun wäre kvām, kvęmm zu erwarten, die auch auf den benachbarten dörfern noch die herrschenden formen sind. In der stadtmundart sind sie dagegen durch ausgleichung nach dem präsens und ptcp. beseitigt.

V. Ablautsreihe.

§ 295. In diese gehören zwei verschiedene bildungen, nämlich:

1. Mit einfachem präsensstamm:

wgerm. e, i — a — $\bar{a}\,(\bar{e})$ — $e,$
and. $\breve{e}, i$ — a — $\bar{a}$ — $\breve{e},$
mnd.   tl. $\breve{e}$, tl. e^2 — a — $\bar{e}^3$ — tl. $\breve{e},$

Soest.
- α) ęa, iə — a — è — ęa,
- β) ea, iə — a — è — ēa,
- γ) īə, iə — a — è — īə,
- δ) (fehlt) — a — ā· — ęa,
- ε) aë, y, uī — ų — ā· — aë.

2. Mit ja-präsens.

wgerm. i — a — $\bar{a}\,(\bar{e})$ — $e,$
and. i — a — $\bar{a}$ — $\breve{e},$
mnd. i — a — $\bar{e}^3$ — tl. $\breve{e},$
Soest. i — a — $\grave{e}$ — ęa.

§ 296. Hierzu ist zu bemerken:

1) Unter 1, α) ist alles regelrechte entwicklung, ausgenommen den vocalismus des imp. sgl. u. das è im prät.

2) Unter 1, β) gehört ein verbum mit d im wurzelauslaut, dessen wurzelvocal nach § 107 dehnung zu ęa erfahren hat.

3) Der lange diphthong īə unter γ) entstand durch dehnung eines mnd. tl. e^2 vor v nach § 100.

4) Wegen des abweichenden vocalismus von ε) vergleiche die anmerkung beim paradigma. uë steht für altes ëha nach § 72, d.

1. abteilung.

§ 297. Ad α) Mit t und k; paradigma: ęatə esse.
Präs. ind. ęatə, iətəst, iətət, ęatət; imp. iət. — Prät. ind. at, ètəst, ètn; opt. ètə; ptcp. ęətn.

So gehen: fręatn fressen, męatn messen, facęatn vergessen (prät. faxat); stęakn stechen.

Anm. Der sgl. imp. zeigt ausgleichung nach dem präsens — eigentlich sollte er *it heissen —, der pl. und opt. prät. è statt *ę in anlehnung an den kurzen vocal des sgl.

§ 298. Ad β) Mit d; einziges beispiel: trēan treten.
Präs. ind. trēa, triəst, triət, trēat; opt. trēa; imp. triət, trēat. — Prät. ind. trat, trètəst, trètn; opt. trèta; ptcp. trēan.

Anm. Im prät. ist das auslautende t wie oben bei fyntn auch in den inlaut gedrungen. Ueber den imp. triət und das è im prät. gilt das in der vorigen anmerkung gesagte.

§ 299. Ad γ) Mit r (f); einziges beispiel: cīərə gebe.
Präs. ind. cīəvə, ciəst, ciət, cīəvət und ciət; opt. cīəvə; imp. ciəf;
inf. cīəvn (cīəlnn). — Prät. ind. xaftə, cèftəst, cèftn; opt. cèftə; ptcp. cīəvn
(cīəlnn).

Anm. Das prät. hat durch erweiterung die schwache flexion angenommen,
der imp. hat iə wie die vorigen verba. Ueber die ausstossung des v vgl. oben
§ 153. Das iə geht auf ein mnd. tl. eⁱ zurück, das durch dieselbe palatalisirung,
die auch im engl. give, dän. give, schwed. gifva vorliegt, aus ě entstanden ist.
Unsere mundart bietet denselben übergang nur noch in cistən gestern (nnl. gisteren).

§ 300. Ad δ) Mit z (s), r; einziges beispiel: das verbum sub-
stantivum.
Prät. ind. vas, vāəst, vāən; opt. vāə; ptcp. vṛəzn oder vəst (schwach).

Anm. Die formen mit æ̆, statt dessen man ě erwarten sollte (vgl. § 69)
müssen auf einer herübernahme der entsprechenden bildungen des verbums vę̄rn
'werden' beruhen, das mit dem verbum substantivum im prät. vermischt sein wird,
wie mussto und mochte, für welche beide das eine mǭxtə im gebrauch ist.

§ 301. Ad ε) Mit h; einziges beispiel: saēən sehen.
Präs. ind. saē(ə), syst und suist, syt und sūit, saēət; opt. saēə; imp.
suï. — Prät. ind. sāx, sāгəst, sāгn; opt. sǣгə; ptcp. saēn.

Anm. Schon in mnd. zeit sind die 2.3. sgl. ind. präs. samt dem imp. sgl. in
die analogie der 2. ablautsreihe übergetreten, wozu die übereinstimmung des
vocalismus in der 1. sgl. und dem pl. ind. präs., des inf. opt. und ptcp. präs. mit den
entsprechenden formen von verben jener klasse veranlassung gab. Das uï in der
3. sgl. ind. präs. und im sgl. imp. ist die lautgesetzliche entwicklung von mnd. ů,
von hier drang es auch in die 2. sgl. ind. präs., die noch die lautgesetzliche kürzung
von ů zu y vor doppelconsonanz aufweist. syt ist dann wider ausgleichung nach
syst. — Vgl. noch P. Br. Beitr. X, 560.

2. abteilung.

§ 302. Ad a) 1. Mit tt; einziges beispiel: sitn sitzen.
Präs. ind. sitə, sitəst, sitət, sitət; imp. sit. — Prät. sat, sètəst, sètn;
opt. sètə; ptcp. sęatn.

Anm. 1. Der einsilbige imperativ ist eine neubildung nach den entsprechenden
formen der übrigen st. verba.

Anm. 2. Das verbum bidn ist in die schwache flexion übergetreten.

§ 303. 2. Mitt zz̧ (x, c); einziges beispiel: lįzn liegen.
Präs. ind. lįzə, licst, lict, lįzət; opt. lįzə, imp. lic, lįzət. — Prät. ind.
laxtə, lèctəst, lèctn; opt. lèctə; ptcp. lę̄.ɪzn.

Anm. Das prät. dieses verbums ist von dem schw. verbum lęzn 'legen'
übernommen.

VI. Ablautsreihe.

§ 304. Von dieser sind nur noch kümmerliche reste erhalten,
nämlich das verbum schlagen und das prät. von stehn. Jenes zeigt
im präsens-stamme contraction. Die vocalverhältnisse sind:

	a	— ō	— ū	— a,
wgerm.	a	— ō	— ū	— a,
and.	a, e	— ō	— ō	— a,
mnd.	ā, ę̄³	— ō	— ō	— tl. a,
Soest. α)	ū̱, ò, è,	— aü	— aë (ȳə)	— ā,
β)	—	— ò	— ö	— —

§ 305. Ad α) Einziges beispiel: *slᾳn* schlagen.
Präs. ind. *slᾳ(ə)* und *slò*, *slèst*, *slèt*, *slūət* und *slòt*; opt. *slö*; imp. *slò*. — Prät. ind. *slaöx*, *slaëgəst* und *slȳəgəst*; opt. *slaëgə* und *slȳəgə*; ptcp. *slāgn*.

Anm. Das verbum hat noch den grammatischen wechsel bewahrt; wegen der im präsensstamme vorkommenden nebenformen mit kurzem *o* vergleiche die bemerkungen zum paradigma *lᾳtə* bei den reduplicirenden verben.

§ 306. Ad β) Einziges beispiel: das prät. von *stūn* 'stehen', dessen präsensformen und ptcp. der *mi*-klasse angehören.
Jene sind: ind. *stònt*, *stöntəst*, *stöntn*; opt. *stöntə*.

Anm. Auch hier ist das *-t* des sgl. verallgemeinert wie bei *funt*; neben *stònt* erscheint auch zuweilen die schwache form *stöntə*. *ö* ist natürlich verkürzung von *ō* vor doppelconsonanz (vgl. § 118) und der inlautende nasal ist aus den verloren gegangenen formen and. *standan*, *gistandan* eingedrungen.

VII. Mischklasse.

§ 307. Unter dieser überschrift stelle ich eine anzahl verba zusammen, die ursprünglich verschiedenen ablautsreihen angehörig durch eine reihe von ausgleichungen und analogiebildungen sich zu neuen gruppen vereinigt haben.

1. abteilung.

§ 308. Zu derselben gehören die verba: *trèkn* ziehen, *sik fasxrèkn* erschrecken und *flèctn* flechten. Das erste derselben möge als paradigma dienen.

Präs. ind. *trèkə*, *trèkəst*, *trèkət*, *trèkət*; opt. *trèkə*; imp. *trèk*. — Prät. ind. *tròk*, *tròkəst*, *tròkn*; opt. *tròkə*; ptcp. *tròkn*.

Anm. 1. Bei *flèctn* ist der bekannte wechsel von *x* und *c* zu beachten, vgl. *flöxt* und *flöctə*.

Anm. 2. Bei diesen verben ist der vocal des ptcp. im ind. und opt. prät. durchgeführt worden.

2. abteilung.

§ 309. Eine andere, etwas zahlreichere gruppe von verben zeigt im präsens den vocalismus der IV. und V. ablautsreihe (vgl. oben die paradigmen *brᾳkn* und *ᵳatn*, § 291 und 297), d. h. die diphthonge *ᵳa* und *iə*, resp. *iə* vor *z*, — im sgl. prät. neben dem *aö* der VI. ablautsreihe das *ëö* der II., — im pl. und opt. prät. *yə*, resp. *ȳə* vor *z*, wiederum nach der II. klasse und endlich im ptcp. prät. *ᵳa*, den diphthong der II. und IV. reihe. Um eine deutliche vorstellung von dem entstehen dieser mischung zu geben, habe ich in den folgenden paradigmen alle nicht lautgesetzlichen formen (abgesehn von der ausgleichung im sgl. imp.) in eckige klammern eingeschlossen; die übrigen ergeben dann die elemente des neuen ablautschemas:

α) *ᵳa*, *iə* — *aö*   — *yə* — *ᵳa*,
β) *ᵳa*, *iə* — *aö*, *ëö* — *ȳə* — *ᵳa*.

§ 310. Ad a) Mit z (s) und l; paradigmen: lęazə lese, stęalə stehle, bəfęalə befehle.

Präs. ind. lęazə, liəzəsl, liəzəl, lęazəl; opt. lęazə; imp. liəs. — Prät. ind. [laūs], [lyəzəsl], [lyəzn]; opt. [lyəzə]; ptcp. [loa:n].

Präs. ind. stęalə, stiəlst, stiəlt, stęall; opt. stęalə; imp. stiəl. — Prät. ind. [staūl], [styəlast], [styəl'n]; opt. [styələ]; ptcp. stoal'n.

Präs. ind. bəfęalə, bəfiəlst, bəfiəlt, bəfęall; opt. bəfęalə; imp. bəfiəl. — Prät. ind. [bəfaūl], [bəfyəlst], bəfyəl'n; opt. bəfyələ; ptcp. bəfoal'n.

§ 311. Ad β) Paradigmen: vręazə wäge, wiege und dręazə trage.

Präs. ind. vęazə, viəzəst, viəzəl, vęazəl; opt. vęazə; imp. viəx. — Prät. [vaūx und vėūx], [vyəzəsl], [vyəzn]; opt. [vyəzə]; ptcp. [voazn].

Präs. ind. [dręazə], driəzəsl, driəzəl, [dręazəl]; opt. [dręazə]; imp. [driə.r]. — Prät. ind. draūx und [drėūx], [drÿəzəsl], [drÿəzn]; opt. [drÿəzə]; ptcp. [dręazn].

Anm. Das präsens ist also bei allen lautgesetzlich, ausgenommen ist nur die 1. sgl. und der plural ind. sowie der opt. des letzten, dręazn, welches in der 2. und 3. sgl. die echte entwickelung des umgelauteten a zeigt (vgl. § 100). Schon im mnd. hatte es übrigens das e bereits durchgeführt, denn neben dragen steht häufiger dregen. Der sgl. imp. zeigt überall die schon früher hervorgehobene anlehnung an die mehrsilbigen formen des sgl. ind. — Der sgl. des präteritum ist nur bei dręazn — draūx lautgesetzlich, bei allen andern neubildung hiernach; der plur. und opt. desselben tempus nur bei bəfyəl'n echt und alt. — Endlich das ptcp. auf ga zeigt noch den ursprünglichen zustand bei stęalə und bəfęalə, und gab wol wegen seiner übereinstimmung mit den entsprechenden formen der II. ablautsreihe veranlassung, dass man aus dieser den sgl. prät. bei einigen verben auf ėδ (neben aū) bildete; jedenfalls ist dadurch auch dem yə und ÿə im prät. zum siege verholfen worden (vgl. xoatn : cyəln gössen = stoal'n : styəl'n). — Die nebenform slÿəzn neben slačzn in der VI. ablautsreihe ist natürlich eine neubildung nach dem muster dieser gruppe.

B. Reduplicirende verba.

§ 312. Wir haben hier zwei gruppen, nämlich ersteus verba die ė als wurzelvocal im präteritum haben und zweitens solche mit aė. Jene haben im infinitiv a, ȯ oder ū, diese ą̄, aŏ und ėŏ. Eine anzahl schwacher verba sind reduplicirend geworden und mehrere starke aus andern klassen in diese übergetreten. Infinitiv und ptcp. prät. zeigen stets denselben wurzelvocal.

1. Präteritum auf ė:

α) a, ė — ė = wgerm. a—e, and. mnd. a, e—ē,
β) ȯ, ė — ė = wgerm. a—e, and. a, e—ē, mnd. ǫ, e—ē.
γ) ū, ė — ė.

2. Präteritum auf aė:

α) ą̄, ą̄ — aė
β) ą̄, ė — aė } = wgerm. ė—ē, and. ā—ē¹, mnd. ā, ē²—ē¹,
γ) ą̄, ȯ — aė
δ) aŏ, ȯ — aė = wgerm. ŏ—eo, and. ŏ¹—eo, mnd. ŏ¹, ǣ¹—ē¹,
ε) ėo, ȯ — aė = wgerm. au—eo, and. ŏ²—eo, mnd. ŏ², ǣ²—ē¹.

1. abteilung.

§ 313. Ad α) Paradigmen: haŋə hange, hänge, falə falle.
Präs. ind. haŋə, hèŋəst, hèŋət, haŋət; imp. haŋk. — Prät. ind. hèŋk, hèŋəst, hèŋn; opt. hèŋə; ptcp. haŋn.
So geht noch faŋn fangen und das prät. von xąən gehen: cèŋk. Von ursprünglich anders flectirenden verben sind in diese klasse übergetreten: 1) aus der VI. ablautsreihe: bakn backen, vaskn waschen, vasn wachsen; 2) aus der schwachen flexion: pakn packen, vaxtn warten (ahd. wahten), pasn passen. Letztere bilden aber ihr ptcp. noch schwach: pakət, pasət, vaxtət. Ebenso lautet das ptcp. von vaskn stets vaskət; von bakn sind zwei formen im gebrauch, nämlich die starke bakn bei intransitiver, die schwache bakət bei transitiver bedeutung des verbums.
Präs. ind. falə, fèlst, fèll, fall u. s. w.

§ 314. Ad β) Einziges beispiel: hòlə halte.
Präs. ind. hòlə, hèlst, hèll, hòll; opt. hòlə; imp. hòll, hòll. — Prät. ind. hèll, hèllast, hèlln; opt. hèllə; ptcp. hòl'n.
Anm. Wie bei vielen verben mit innerem d ist auch hier das l des sgl. prät. in den inlaut der präteritalform eingeführt.

§ 315. Ad γ) Paradigmen: mākn machen, hāl'n holen.
Präs. ind. māka, mèkəst, mèkət, mākət; opt. mākə; imp. māk. — Prät. ind. mèk, mèkəst, mèkn; opt. mèkə; ptcp. noch schwach: mākət.
Anm. Die verkürzung des e im präs. und prät. beruht natürlich sammt dem k fortis auf angleichung an die muster, nach denen dieses verbum reduplicirend geworden ist. mèkəst, mèkət vergleiche man mit kikəst, kikət (oben § 260).
Präs. ind. hālə, hèlst, hèll, hāll; opt. hālə; imp. hāl. — Prät. ind. hèl, hèlast, hèl'n; opt. hèlə; ptcp. noch schwach: hāll.

2. abteilung.

§ 316. Ad α) Einziges beispiel: blą̄zə blase.
Präs. ind. blą̄zə, blą̄zəst, blą̄zət, blą̄zət; imp. blās. — Prät. ind. blaës, blaëzəst, blaëzn; opt. blaëzə; ptcp. blą̄zn.

§ 317. Ad β) Paradigmen: lątə lasse und rąə rate.
Präs. ind. lątə, lèst, lèt, lątət und lòt; imp. lòt. — Prät. ind. laët, laëtəst, laëtn; opt. luëtə; ptcp. lątn.
Präs. ind. rą̄(ə) und rò, rèst, rèt, rąət und ròt; imp. rò; inf. rą̄ən. — Prät. ind. raët, raëtəst, raëtn; opt. raëtə; ptcp. rąn.
So geht noch brąn braten und sərän gerinnen (von der milch). Die auch bei diesen verben erscheinende durchführung des auslautenden t auch im inlaut ist schon öfter besprochen worden. Was die verkürzten formen mit ö anbelangt, die wir oben § 305 schon bei stąn vorfanden und die uns auch noch bei xąn und stąn in der folgenden klasse begegnen werden, so sind diese wol als ausgleichungen nach den kurzen formen der 2. und 3. sgl. präs. anzusehn. Auch darf man sie gewiss oft als satzdoppelformen an unbetonter stelle ansehn, vgl. dò neben dą, oben § 205.

§ 318. Ad γ) Paradigma: slą̄pə schlafe.
Präs. ind. slą̄pə, slöpəst, slöpət, slą̄pət; imp. slą̄p. — Prät. ind. slaëp; opt. slaëpə; ptcp. slą̄pm.
Anm. Aus den beiden formen slöpəst und slöpət ergibt sich, dass die vocalverkürzung hier eine ganz junge analogiebildung sein muss, im gegensatze zu den

oben erwähnten *rëst, rët*. Zunächst wurde in der 2. und 3. sgl. ind. präs. als umlaut zu *ą̊* ein *ǣ* statt des lautgesetzlichen *ę̄* geschaffen (vgl. § 70), und dieses dann im anschluss an die entsprechenden formen der übrigen verba verkürzt. Vgl. *blązə*.

§ 319. Ad *d*), *ι*) Genau so flectiren die beiden verba *raȫpə* rufe, und *lȫpə* laufe, nur dass sie statt *ą̊* ein *aū* resp. *ëö* aufweisen.

C. Verba auf -*mi*.

§ 320. 1. Das verb. substant. sein.

Präs. ind. *sin, bist, is, sint* (enkl. *sin*); opt. *suī*; inf. *suīn*; imp. *suī, suīt*.

Anm. Die 1. sgl. ind. präs. ist mit ihrem *s* statt *b* eine neubildung nach dem plural. Siehe die prät. formen oben unter der V. ablautsreihe, § 300.

§ 321. 2. tuen.

Präs. ind. *daī(ə), daēst, daēt, daūt*; imp. *daū*; inf. *daȫn*. — Prät. *dē, dēəst, dēən*; ptcp. *dūn*.

§ 322. 3. gehen.

Präs. ind. *rą̊(ə)* und *xò, xòēst, xòēt, xòt*; imp. *xò, xòt*; inf. ptcp. *xą̊n*.

Anm. Die prät. formen siehe oben § 313 unter den reduplicirenden verben.

§ 323. 4. stehen.

Präs. ind. *stą̊(ə)* und *stò, stòēst, stòēt, stòt*; imp. *stò*; inf. ptcp. *stą̊n*.

Anm. Das prät. ist bereits unter der VI. ablautsreihe, § 306 verzeichnet.

Zweiter abschnitt.
Schwache verba.

§ 324. Die schwachen verba der Soester mundart zerfallen in zwei klassen:

1) solche, die in der 2. und 3. sgl. ind. präs.[1]) sowie im sgl. ind. prät. den im infinitiv erscheinenden wurzelvocal oder diphthongen unverändert lassen und

2) solche, die ihn in den genannten formen beider tempora oder eines derselben verändern.

A. Erste klasse.
I. Die endungen.

1. Präsens.

§ 325. Ind. —, -*ə*; -(*ə*)*st*; -(*ə*)*t*, [-(*ə*)*d*]; -(*ə*)*t*, [-(*ə*)*d*], —.
Opt. —, -*ə*.
Imp. —, -*ə*; -(*ə*)*t*, [-(*ə*)*d*].
Inf. -(*ə*)*n*, -*m*.

---

[1]) Das sonst regelmässig flectirende verbum *fräzn* fragen hat im anschluss an *blązn* blasen in diesen beiden formen umlaut angenommen: *fræzst, fræzt*. Im anschluss an nhd. frug bildet man neben *fräzədə* neuerdings auch *fraūx — frȳəxn*.

2. Präteritum.

Ind. -(ə)dəˊ[1]), -(ə)dəst, -(ə)də; -(ə)dn.
Opt. „ „
Ptcp. -(ə)t, flect. -(ə)də.

Bemerkungen über die endungen.

§ 326. 1) In der 1. sgl. ind. präs., im opt. präs. und im sgl. imp. haben die verba welche auf ḹa oder ṹa auslauten niemals eine endung, vgl. knḹa knete, rṹa rode.

§ 327. 2) Der imp. sgl. hat die endung -ə bei den verben, welche auf doppelconsonanz oder fortis ausgehn, wenn letztere eine stimmhafte explosiva oder ẓ ist, z. b. haŭstə huste bidə bitte, lybə castrire, spiẓə speie.

§ 328. 3) Die volleren endungen mit -ə- treten überall ein, wo der verbalstamm nicht auf n, l, r oder ḹa und ṹa ausgeht.

II. Flexion.

§ 329. Zwei durchconjugirte paradigmen mögen die flexion dieser I. klasse verdeutlichen. Das erste zeigt die vollen, das zweite die kürzeren endungen.

1. Mit -ə-; kǫakə koche.

§ 330. Präs. ind. kǫakə, kǫakəst, kǫakət, kǫakət; opt. kǫakə; imp. kǫak, kǫakət; inf. kǫakn. — Prät. kǫakədə, kǫakədəst, kǫakədn; ptcp. kǫakət.

Als beispiele für die andern endungen mögen verbindungen genannt sein wie:

kǫakədət kocht es, kochen es, kǫakəfi kochen wir, kǫaki kocht ihr.

2. Ohne -ə-; α) vuənə wohne.

§ 331. Präs. ind. vuənə, vuənst, vuənt; opt. vuənə; imp. vuən, vuənt; inf. vuənn. — Prät. vuəndə, vuəndəst, vuəndn; ptcp. vuənt.

Ebenso flectirt z. b. bətalə bezahle.

β) tḙrə zehre.

§ 332. Präs. ind. tḙrə, tḙrəst, tḙət; opt. tḙrə; imp. tḙa, tḙət. — Prät. tḙadə, tḙadəst, tḙadn; ptcp. tḙat.

---

[1]) Dieses intervocalische d kann nicht lautgesetzlich sein (vgl. § 164); ich halte es für eine neubildung nach dem muster der entsprechenden formen in der 1. abteilung der II. klasse, wie sxadə schadete, hadə hatte u. s. w., vgl. § 340 ff. Die lautgesetzlichen formen ohne -d- sind in § 334 erwähnt.

γ) *bęan* beten.

§ 333. Präs. ind. *bęa, bęast, bęat;* opt. *bęa;* imp. *bęa;* inf. *bęan.* — Prät. *bęadə;* ptcp. *bęat.*

Ebenso geht z. b. *knǫan* kneten, würgen.

§ 334. Was Jellinghaus § 235 seiner grammatik über die Ravensberger mundart bemerkt, trifft auch bei uns zu: statt der vollen endungen des präteritums treten sehr häufig in schnellerer und bequemerer rede kürzere ohne -*d*- ein, so dass die 1. und 2. sgl. dann vollständig den betreffenden personen des präsens gleich werden. Als beispiele führe ich an:

drèzə, drèzəst, drèzə, drèzn drehte; *fuīlə, fuīləst, fuīlə, fuīl'n* feilte; *ţęrə, ţęrəst, ţęrə, ţęran* zehrte; *rņa, rņast, rņa, rņan* rodete.

Dass diese formen die eigentlich lautgesetzlichen sind, darüber vergleiche die fussnote auf seite 74.

Jedoch ist der gebrauch dieser kürzeren formen auf gewisse verbindungen beschränkt, indem sie nur vor den enklitisch angelehnten fürwörtern *sik* sich, *zə* sie und *nə* ihn erscheinen, vgl. z. b. *scikəsik* schickte sich, *lęavəzə* lebte sie, *stopənə* stopften ihn, *drèzənə* drehte ihn, *rǫanzə* rodeten sie. In allen diesen fällen können aber auch die vollen formen mit -*d*- gebraucht werden.

B. Zweite klasse.

I. Die endungen.

§ 335. Im präsens gelten dieselben endungen wie in der ersten klasse, die des präteritums gibt die folgende übersicht. — Der sgl. imp. hat niemals die endung -*ə*, ausser bei *scydn* schütten (vgl. oben § 327).

Ind. { α) -*də*, -*dəst*, -*də*; -*dn*.
Opt. { β) -*tə*, -*təst*, -*tə*; -*tn*.
{ γ) —, -*st*, —; -*n*.
Ptcp. { α) -*t*, flect. -*də*.
{ β) -*t*, flect. -*tə*.

Bemerkungen zu den endungen.

§ 336. Alle zu dieser klasse gehörigen verba zeigen in der 2. und 3. sgl. ind. präs. (ausgenommen *sętn* setzen, *scydn* schütten, *bręŋn* bringen, *dèŋkn* denken und *dyŋkn* dünken) sowie im prät. und ptcp. sogenannte „echte" synkope, d. h. hier treten die endungen unmittelbar an den verbalstamm an und bringen bei dessen auslautenden consonanten mancherlei veränderungen hervor. Es werden nämlich

a) *t* und (ursprünglich vorhandenes, jetzt aber zwischen vocalen geschwundenes) *d* einem folgenden *s, t* und *d* assimilirt, vgl. *hèst* heissest zu *haètn, höst* hütest zu *haèən, svèt* er schwitzt zu *svöètn,* ptcp. *lèt* geleitet zu *laèən, badə* half zu *hätn, blödə* blutete zu *blaöən.*

b) Die stimmhaften spiranten *v*, *z* und *ʒ* zu den stimmlosen *f*, *s* und *x* oder *c*, vgl. *xlöévə* — *xlöfst* glaube — glaubst, *lörzə* — *löst* löse — löst, *sèʒə* — *sècst* — *saxtə* sage — sagst — sagte.

§ 337. 2) Im prät. tritt die endung -*də* an alle auf *t* oder (ehemaliges) *d* auslautenden verbalstämme, vgl. *hèdə* hiess und *klìdə* kleidete; -*tə* dagegen an alle andern. Ausgenommen ist von letzteren jedoch *hèbm* haben, welches sein prät. als *hadə* bildet, wo *d* aus mnd. *dd*, and. *dd* = *hd* (*hadda* neben *habda*) entstanden ist. — Im mnd. war diese endung noch auf die formen *dachte* dachte, *brachte* brachte, *duchte* dünkte, *sochte* suchte, *wrachte*, *wrochte* wirkte, *suchte* sagte, *lachte* legte, *dofte* taufte, *kofta* kaufte, *loste* löste, die synkopirten präterita der verba mit *t* im auslaut wie *satte* setzte, *stotte* stiess (vgl. and. *bötta*), *storte* stürzte etc. und endlich einige präterita der präteritopräsentia: *wuste* wusste, *dochte* taugte, *drofte* durfte, *dorste* wagte, *mochte* mochte und *moste* musste beschränkt, hat sich aber von hier aus auf alle übrigen präterita mit sogen. „rückumlaut" (um diesen unglücklichen, aber bequemen namen zu gebrauchen) ausgedehnt, mit alleiniger ausnahme der auf *r* und *d* endenden verbalstämme. Im anschluss an diese letzteren haben dann die auf *t* ausgehenden die endung -*də* wider neu eingeführt.

Anm. Ueber die formen ohne eine endung im prät. siehe unten die letzte abteilung der sw. verba.

II. Flexion.

§ 338. Alle zu dieser klasse gehörenden verba teile ich zunächst in zwei grosse unterabteilungen:
1) Verba mit kurzem vocal im prät. und ptcp. und 2) verba mit diphthong in diesen formen. Die ersteren gliedern sich wider in a) solche mit der endung -*də* und b) solche mit der endung -*tə* im prät. Jene haben stets *t* und (jetzt geschwundenes) *d* im wurzelauslaut, diese einen andern consonanten am ende.

§ 339. Ueber den vocalismus der stammsilben ist folgendes zu bemerken:

a) mit ausnahme der zur alten ō-conjugation gehörigen verba *inlāən* einladen, *sxāən* schaden, *būtn* nützen und *ludn* lauten tritt in der 2. und 2. sgl. ind. präs. sowie im opt. prät. umlaut gerade wie beim starken verb ein, wenn dieses möglich ist;

b) bei den verben, welche in der 2. und 3. sgl. ind. präs. umlaut haben, kann dieser auch in der 2. sgl. ind. prät., sowie im pl. ind. desselben tempus eintreten, jedoch sind daneben auch die formen ohne umlaut gebräuchlich; ausgenommen ist nur das verbum *hèbm* haben, welches in den genannten formen nur unumgelauteten vocal zeigt;

c) in der 2. und 3. sgl. ind. präs., im ganzen präteritum und ptcp. tritt ausser bei den verben der zweiten abteilung vocalverkürzung ein, wenn die stammsilbe im infinitiv einen langen vocal oder diphthongen aufweist (letztere werden dabei natürlich monophthonge);

d) hat das verbum im präsensstamme umlaut der wurzelsilbe, so entbehrt die 1. und 3. sgl. ind. prät. samt dem ptcp. desselben (sogen.

„rückumlaut"); wegen des nicht umgelauteten vocals in der 2. sgl. und im opt. desselben tempus vgl. oben b.

1. Verba mit kurzem vocal im prät. und ptcp.

a) Verba mit *t* und *d* im wurzelauslaut; prät.-endung: *-də*.

α) Ohne veränderung der vocalqualität.

§ 340. Mit *ā—a* in der wurzelsilbe; paradigma: *s.rāə* schade. Präs. ind. *s.rā(ə), sxast, sxat, s.rāət.* — Prät. *s.radə, sxadəst, s.radn;* ptcp. *sxat.*

Ebenso gehen: *inlāən* einladen und *bātn* nützen, helfen.

Anm. Die beiden verba laden 1. got. *hlaþan*, 2. got. *laþōn* sind wie im ahd. zusammengefallen. Neben dem paradigma kommen noch vor: 2. 3. sgl. ind. präs. *last, lāt,* prät. *ladədə,* ptcp. *lāt,* d. h. die regelmässigen formen des schw. verbums.

§ 341. Mit *u* in der wurzelsilbe; einziges beispiel: *ludn* lauten (nur im inf. und in der 3. pers. vorkommend). Präs. sgl. und pl. *lut.* — Prät. *ludə, ludn;* opt. *lydə;* ptcp. *lut.*

Anm. Die verkürzung ist bei diesem verbum von der 3. sgl. ind. präs., dem prät. und ptcp. aus in alle formen durchgedrungen, ebenso ist das *d* fortis aus dem prät. in den infinitiv gelangt — lautgesetzlich sollte er *liñən* heissen — und der pl. präs. dem sgl. gleichgemacht.

β) Mit veränderung des vocalqualität.

aa. Mit kurzem wurzelvocal.

§ 342. Mit *è — ęa — a;* einziges beispiel: *hèbm* haben. Präs. ind. *hèbə* und *hèvə, hęast, hęat; hèt.* — Prät. *hadə, hadəst, hadn* und *ha, hast, han;* opt. *hèdə, hèdəst, hèdn* oder *hèrə* etc. und *hèa, hèast, hèan* oder *hèade, hèadəst, hèadn;* ptc. *hat.* — Satzformeln: *hèfi* haben wir, *hèvi* habt ihr.

Anm. Das *v* in der 1. sgl. ind. präs. und in *hèvi* stammt aus der 2. und 3. sgl. ind. präs. (and. *hebis, hebid),* von wo aus es sich neben dem *bb* der 1. sgl. festgesetzt hat. Der opt. prät. *hèa* zeigt die verkürzte form, wobei das auslautende *r* sich zu *a* vocalisirt hat, *hèadə* ist eine mischung von *hèdə* und *hèa.*

§ 343. Mit *è—a;* einziges beispiel: *sètn* setzen. Präs. ind. *sètə, sètəst, sèt* und *sètət;* opt. *sètə;* imp. *sèt, sètət.* — Prät. ptcp. *sat.* — Der ind. und opt. dieses tempus sind dem st. verbum *sitn* sitzen (s. oben § 302) entnommen; *sat — sètə.*

§ 244. Mit *y—u;* einziges beispiel: *scydn* schütten. Präs. ind. *scydə, scydəst, scyt* und *scydət;* opt. *scydə;* imp. *scydə, scydət.* — Prät. ind. *sxudə, sxudəst* und *scydəst, sxudn* und *scydn;* opt. *scydə;* ptcp. *sxut.*

bb. Mit diphthong in der wurzelsilbe.

§ 345. Mit *òe—è;* paradigma: *sxòèən* scheiden. Präs. ind. *sxòèə, scèst, scèt, sxòèət.* — Prät. *scèdə;* ptcp. *scèt.*

Ebenso gehen: klŏðən kleiden, аbŏðən arbeiten, mŏðən mieten und svŏðtn schwitzen (= schweissen).

Anm. *mŏðən* wird sein *öð* statt des nach § 72 b zu erwartenden *að* durch analogie nach den eben genannten verben bekommen haben.

§ 346. Mit *aë — è*; paradigma: *laëən* leiten.
Präs. ind. *laëə, lèst, lèt, laëət*. — Prät. *lèdə*; ptcp. *lèt*.
Ebenso gehen: *spraðən* spreiten, *braðən* breiten, *bəraðən* bereiten, gerben, *haðtn* heissen. — Hierher gehört auch das isolirte ptcp. *fèt* feist (ags. *fęted*).

Anm. Statt *haðtn* sollte man *höðtn* erwarten, vgl. § 71; *að* muss eine neubildung sein, hervorgerufen durch anschluss an die eben genannten verba mit i-umlaut des wurzelvocals (s. oben § 72 a).

§ 347. Mit *aŭ, aë* oder *ŏ̆ — ò — ö̀*; paradigma: *blaŏən* bluten.
Präs. ind. *blaŏə, blöst, blöt, blaŏət*. — Prät. ind. *blòdə, blòdəst* und *blödəst, blòdn* und *blödn*: opt. *blödə*; ptcp. *blòt*.

Ebenso gehen, nur mit *að* statt *aŏ*: *haðən* hüten, *bəmaðən* bemühen, *faðən* füttern, aufziehen (and. *fŏdian*), *ambaðtn* feuer anzünden, heizen, *flaðtn* flöten, und mit *èð* statt *að*: *stèðtn* stossen. — Hierher gehört auch das isolirte ptc. *bənŏt* benötigt, bedürfend (zu and. *nŏdian*).

§ 348. Mit *uï̆ — u — y*; paradigma: *luïə* läute.
Präs. *luïə, lyst, lyt, luïət*. — Prät. ind. *ludə, ludəst* und *lydəst, ludn* und *lydn*; opt. *lydə*; ptcp. *lut*.
Ebenso flectiren: *buïhuïən* verstecken (ags. hydan), *bədulən* bedeuten.

b) Verba welche nicht auf *t* oder *d* ausgehn; prät.-endung *-tə*.

α) Ohne veränderung des auslautenden consonanten.

aa. Mit kurzem wurzelvocal.

§ 349. Mit *è — a*; paradigma: *tèl'n* zählen.
Präs. ind. *tèlə, tèlst, tèlt*. — Prät. ind. *taltə, taltəst* und *tèltəst, taltn* und *tèltn*; opt. *tèltə*; ptcp. *talt*.
So gehen noch: *stèlə* stelle, *scèlə* schäle, *kènə* kenne, *brènə* brenne, *rènə* renne, *vènə* wende, *scènə* schimpfe (= schände).

§ 350. Mit *y — u*; paradigma: *fyl'n* füllen.
Präs. ind. *fylə, fylst, fylt*. — Prät. ind. *fultə, fultəst* und *fyltəst, fultn* und *fyltn*; opt. *fyltə*; ptcp. *fult*.
Ebenso geht das aus der reihe der präterito-präsentia hierher geratene *cynn* günnen.

bb. Mit diphthong in der wurzelsilbe.

§ 351. Mit *aë* oder *òë — è*; paradigma: *daënn* dienen.
Präs. ind. *duënə, dènst, dènt, daënt*. — Prät. *dèntə, dèntn*; ptcp. *dènt*.
Ebenso gehen: *maðnə* meine und mit *öð* statt *að*: *dŏëlə* teile, *lŏënə* entlehne, leihe.

§ 352. Mit *aë* oder *òë — ò — ö̀*; paradigma: *faët'n* fühlen:
Präs. ind. *faëlə, fölst, föll, faëll*. — Prät. ind. *fòltə, fòltəst* und *föltəst, fòltn* und *fölln*; opt. *föltə*; ptcp. *fòlt*.
Ebenso geht *spaðlə* spille und mit *öð* statt *að*: *drŏëmə* träume und *söëmə* säume, mache einen saum.

β) Mit veränderung des auslautenden consonanten.

aa. Mit labialem auslaut.

§ 353. Mit *aĕ, ĕŏ* oder *bĕ — b — ŏ* und *v* oder *p — f*; paradigma: *haëvn* (*haëbm*) nötig haben, brauchen.

Präs. ind. *haëvə, höfst, höft, haëvət*. — Prät. ind. *hòftə, hòftəst* und *hòftəst, höftn* und *höfm*; opt. *höftə*; ptcp. *höft*.

Ebenso gehen, nur mit *ëŏ* statt *aĕ: këŭpə* kaufe, und mit *öĕ* statt *ëŏ:* (*x*)*'öĕvə* glaube, *döĕpə* taufe, *ströĕpə* streife (mnd. strœpe, mhd. ströüfe).

bb. Mit dentalem auslaut.

§ 354. Mit *bĕ — b — ō* und *z — s*; einziges beispiel: *lbĕzn* lösen. Präs. ind. *lbĕzə, löst, löst, lbĕzət*. — Prät. ind. *lòstə, lòstəst* und *löstəst*; opt. *löstə*; ptcp. *löst*.

cc. Mit gutturalem auslaut.

א) Mit kurzem wurzelvokal.

§ 355. Mit *è — a* und synkope im präsens; paradigma: *sèɣn* sagen. Präs. ind. *sèɣə, sècst, sèct, sèɣət;* imp. *sèc*. — Prät. ind. *saxtə, saxtəst* und *sèctəst;* opt. *sèctə;* ptcp. *saxt*. — Merke: *saxə* sagte er, *saxəɹə* sagte sie.

So geht noch *lèɣn* legen.

§ 356. Mit *è — a* ohne synkope im präsens; paradigma: *brèŋn* bringen.

Präs. ind. *brèŋə, brèŋəst, brèŋət;* imp. *brèŋk*. — Prät. ind. *braxtə, braxtəst* und *brèctəst, braxtn* und *brèctn;* opt. *brèctə;* ptcp. *braxt*.

Ebenso flectirt *dèŋkə* denke.

§ 357. Mit *b — ö;* einziges beispiel: *hòɣn* hauen. Präs. ind. *hòɣə, hücst, höct, hòɣət;* imp. *hòx*. — Prät. ind. *hòxtə, hòxtəst* und *hüctəst;* opt. *hüctə;* ptcp. *hòxt*.

§ 358. Mit *y — u;* einziges beispiel: *dyŋkn* dünken. Präs. ind. *dyŋkə, dyŋkəst, dyŋkət;* imp. *dyŋk*. — Prät. ind. *duxtə, duxtəst* und *dyctəst;* opt. *dyctə;* ptcp. *duxt*. Neben der 3. sgl. ind. präs. *dyŋkət* ist auch *dyct* 'däucht' im gebrauch.

Anm. Von dem regelmässig flectirenden verbum *bədrykn* bedrücken ist das ptcp. *bədruxt* gedrückt, niedergeschlagen, in adjectivischer bedeutung als isolirte form erstarrt und bewahrt geblieben.

ב) Mit diphthong in der wurzelsilbe.

§ 359. Mit *aĕ* oder *bĕ — b — ö* und *k* oder *ɣ — x, c*; paradigma: *saëkn* suchen.

Präs. ind. *saëkə, söcst, söct, saëkət;* imp. *saëk*. — Prät. ind. *sòxtə, sòxtəst* und *söctəst;* opt. *söctə;* ptcp. *sòxt*.

Ebenso geht, nur mit *öĕ* statt *aĕ* und *ɣ* statt *k: bòĕɣə* beuge.

2. Verba mit diphthong im prät. und ptcp.

§ 360. Hierher gehören nur zwei verba mit *r* im wurzelauslaut, die beide alte *ja*-stämme sind. Der präsens-stamm sowie der opt. prät. haben umlaut, die andern formen nicht; das prät. hat die endung *-də* aufgegeben.

§ 361. Mit *āa — q̄a*; einziges beispiel: *hēan* hören. Präs. ind. *hērə* oder *hēa, hēast, hēat*; imp. *hēa*. — Prät. ind. *hq̄a, hq̄ast, hq̄an*; opt. *hēa*; ptcp. *hq̄at*.

§ 362. 2. Mit *q̄a — q̄a*; einziges beispiel: *bq̄an* heben, tragen. Präs. ind. *bq̄rə, bq̄ast, bq̄at*; imp. *bq̄a*. — Prät. ind. *bq̄a, bq̄ast, bq̄an*; opt. *bq̄a*; ptcp. *bq̄at*.

Dritter abschnitt.
Teils stark, teils schwach flectirende verba.

A. Präterito-präsentia.

§ 363. Das präsens dieser verba, das ein altes perfect ist, hat im plur. des ind. durch anschluss an die übrigen präsentia die frühere endung *-en* mit dem ausgange *-(ə)t* (vor vocalen im Sandhi: *-(ə)d*) vertauscht, und zeigt in der 1. und 2. person vor dem pron. person. apokope dieses *-t*. Im übrigen repräsentiren sie noch den mnd. bestand.

I. Ablautsreihe: *viətn* wissen.

§ 364. Präs. ind. *vöēt, vöēst; viətət*; opt. *viətə*. — Prät. ind. *vustə, vustəst* und *vystəst, vustn* und *vystn*; opt. *vystə*; ptcp. st. *viətn*, sw. *vust*. Merke: *vusə* wusste er.

Anm. Die 1. und 3. pers. sgl. ind. präs. hat im auslaut *d* statt *t*, wenn darauf im satzgefüge ein vocalisch anlautendes, enklitisch angelehntes wort folgt, z. b. *vöēdət* weiss es, *vöēduŋkan* weiss und kann. Da *t* sonst niemals zu *d* erweicht wird, so ist diese verwandlung als eine analogiebildung anzusehn, nach mustern wie *hɛat — hɛadət* hat, hat es u. s. w., wo das alte *d* wider hervortritt.

II. Ablautsreihe: *dȳəɡn* taugen.

§ 365. Präs. ind. *dèȯ.r, dȯcst, dèȯx* und *dȯct, dȳəɡət*. — Prät. ind. *dȯ.rtə, dȯ.xtəst* und *dȯctəst*; opt. *dȯctə*; ptcp. *dȯxt*. — Ptcp. präs. in adjectivischer bedeutung: *dȳəɡnt* tüchtig, brav.

Anm. Der umlaut im inf. und ptcp. präs. sowie im pl. ind. präs. dieses und der folgenden verba stammt wie im nhd. aus dem jetzt ausgestorbenen opt. präs., der dieselbe vocalstufe wie jene formen hatte.

III. Ablautsreihe:

1. *kȯnn* können.

§ 366. Präs. ind. *kan, kanst, kan; kȯnt*. — Prät. ind. *kȯn, kȯnst, kȯnn*; opt. *kȯn*; ptcp. *kȯnt*.

Anm. Das prät. *kůn* und *kön* sieht aus wie eine form der starken conjugation, indem mnd. *kondøn* zu *könn* wurde und zu diesem plural ohne abzeichen der schwachen bildung ein einsilbiger sgl. *kön* statt *kůnə* geschaffen ist.

2. *drȳəvn* (*drȳəbm*) dürfen.

§ 367. Präs. ind. *draf, drafst; drȳəvət,* enkl. *drȳəfi, drȳəvi.* — Prät. ind. *dròftə, dròftəst* oder *dròfst* und *dröftəst;* opt. *dröftə;* ptcp. *dròft.*

IV. Ablautsreihe: *sal* soll.

§ 368. Präs. ind. *sal, sast; sōt,* enkl. *sak, sōfi, sōli.* — Prät. ind. *sòl, sòst, sòl'n;* enkl. *sòk;* opt. *söl;* ptcp. *sòlt.*

Anm. In *sòli* sollt ihr, tritt das *l* wider hervor; über das prät. vgl. die bemerkung zu *können* in § 366.

V. Ablautsreihe: *mȳəgn* mögen.

§ 369. Präs. ind. *mux, maxst, mȳəgət.* — Prät. ind. *mòxtə* und *mòx, mòxtəst, möctəst* und *mòxst, mòxtn, möctn* und *mòxn;* opt. *möctə* und *möc;* ptcp. *mòxt.*

Anm. Das einsilbe prät. *möx* ist wol eine neubildung nach dem muster von *kan — kön* und *sal — söl.*

VI. Ablautsreihe: *myətn, maëtn* müssen.

§ 370. Präs. ind. *mòt, mòst; maētət, myətət* und *möt.* — Das prät. wird von *mȳəgn* mögen entlehnt. — Merke als satzformeln: *mòk* muss ich, *maëfi, myəfi, möfi* müssen wir, *mòmə* muss man.

Anm. Die 1. und 3. sgl. ind. präs. zeigen ausgleichung nach der 2., wo das alte *ō* vor doppelconsonanz verkürzung erlitt. Der pl. *mōt* ist ebenfalls eine angleichung hieran, während *maëtət* die lautgesetzliche entwicklung von mnd. *mǣten* zeigt. *myətət* und *myətn* zeigen den einfluss des verbums mögen. — Wie bei *vòët* (s. oben § 364) erscheint auch bei *möt* statt des *t* ein *d,* z. b. *mòdə, mòdət, mòdik* muss er, muss es, muss ich.

B. Das verbum *wollen*.

§ 371. Präs. *vèl, vòst, vèl; vèt.* — Prät. ind. *vòl, vòlst* und *vòlst;* opt. *völ;* ptcp. *vòlt.* — Satzformeln: *vèk* will ich, *vèmə* will man, *vèfi* wollen wir, *vèli* wollt ihr, *vòk* wollte ich.

Anm. Wegen des einsilbigen präteritums vgl. die anmerkung zu können, § 366.

Zweiter hauptteil.
Declination.
Erster abschnitt.
Substantiva.
Vorbemerkung.

§ 372. Unsere mundart unterscheidet nur noch drei casus im günstigsten fälle: nominativ, dativ und accusativ, während der genitiv nur noch in bestimmten verbindungen wie z. b. *mans, tuīts, vẹ̄aks xənaūx* manns, zeit, werk genug, *fiə'lvẹ̄aks* viel werk, arbeit, viele sachen, *hüasnŭ* auf ein haar (eigentl. „haares nah"), *xruīnus mǟtə* nahe am, im begriff zu weinen, und in adverbialem gebrauch wie *mŏ̄agns* morgens, *naxts* nachts, *alahant* allerhand, *oēsta, dyəza dūzə* erster, dieser tage etc. vorkommt. — Ehe ich auf die declination selbst eingehe, habe ich noch das für substantiva und adjectiva gleich wichtige ausgleichungsverfahren zu erörtern, das die vocale der stammsilben einsilbiger wörter mit einfachem consonanten als auslaut betroffen hat.

Ausgleichung.

§ 373. Das gesetz, wonach die mnd. kurzen vocale als kurze erhalten bleiben, die tonlangen dagegen — mit ausnahme von *a* — sich zu diphthongen entwickeln, ist durch ausgleichung der verschiedenen formen desselben paradigmas vielfach durchbrochen worden. Regelmässige entwickelung findet sich nur noch unter gewissen voraussetzungen bei den worten, welche *a* im wechsel mit *ā* als stammvocal haben, während sonst überall der diphthong aus den mehrsilbigen formen auch in die einsilbigen gedrungen ist.

1. Wörter mit *a* in der stammsilbe.

§ 374. 1) Einsilbige wörter, welche auf nur éinen consonanten ausgehn, der entweder *t* = alts. *d, ð* und *th*, oder *f, s* und *x* = alts. *f, s, g* (*ch, h*) ist, zeigen noch den mnd. wechsel von kurzem *a* und tonlangem *a* als *a* und *ā*, z. b.
pat pfad — dat. *pāə, rat* rad — dat. *rāə, xraf* grab — dat. *xrāvə, xras* gras — *xrāzə, dax* tag — *dāzə*.

2) Wenn dagegen ein solches wort auf *t* = alts. *t*, oder auf *p* und *k* ausgeht, so ist in der stadtmundart die nominativform mit kürze des vocals und fortisqualität des consonanten auch in den obliquen casus durchgeführt, während die landbevölkerung die ursprüngliche form der obliquen casus: länge des vocals und lenisqualität des endconsonanten gebraucht. So heisst es in Soest: *fat* fass — dat. *fatə, sxap* schrank — *sxapə, dak* dach — *dakə*, dagegen auf den dörfern: *fāt — fātə, sxāp — sxāpə, dāk — dākə*. Das regelmässige paradigma

ist sicher *fat* — *fātə* u. s. w. gewesen, nach dem dann in doppelter weise die ausgleichung geschah.

3) Geht das wort dagegen auf *l, m* oder *n* aus, so ist auch in der stadtmundart die vokallänge der mehrsilbigen casus im nominativ eingetreten, vgl. *smāl* schmal, *sāl* saal, *dāl* tal, *tām* zahm, *lām* lahm, *xrām* gram, *tān* zahn.

Anm. Auch die verbalformen *nām* nahm und *k(v)ām* kam zeigen dieselbe ausgleichung, vgl. oben § 290, 2.

2. Wörter mit *e, i, o, u* in der stammsilbe.

§ 375. Bei allen diesen sind die aus mnd. tonlangem *ë, e, o¹* und *o²* in mehrsilbigen formen entstandenen diphthonge *ęa, iə, ǫa* und *uə* in den einsilbigen nominativ eingedrungen und haben dessen kurze vocale *e, i, o* und *u* verdrängt. Beispiele sind:

lęak leck, *vęax* weg, *ręap* reff; *sciəp* schiff, *liət* glied, *spiəl* spiel; *trǫax* trog, *hǫaf* hof, *stǫaf* staub (nl. stof), *xrǫaf* grob, *lǫak* loch; *fruəm* fromm, *huəp* m. hüfte (mnd. hup, mhd. huf), *druəm* endchen garn (mhd. trum).

Anm. 1. Ueber dieselben ausgleichungen beim sgl. imp. der st. verba s. oben § 291, anm. Nicht alle westfälischen mundarten zeigen übrigens diese neubildungen, denn die Ravensberger¹) und Münstersche haben z. b. noch im nom. und in den casus obliqui den wechsel von einfachen vokalen und diphthongen.

Anm. 2. *stoaf* staub zeigt die schwächste stufe des wurzelvocals, es entspricht einem urgerm. *stobaz*.

Anm. 3. Neben *fiəl* viel steht die unbetonte form mit einfachem *i* im compositum *filicta* vielleicht.

A. Starke declination.

I. Masculina und neutra.

a) Alte *a-, i-, u-* und consonantische stämme.

§ 376. Dieselben werden nach der pluralbildung in 4 klassen eingeteilt, nämlich in solche 1) ohne endung im plural, 2) auf -*ə*, 3) auf *a* und 4) auf -*s* im plural.

1. Ohne endung im plur. und dat. sgl.

§ 377. Hierher gehören die zweisilbigen wörter auf -*l* und *a*, welche im pl. umlaut haben, wie *fuəzl* — *fyəzl* — *fyəzln* vogel, *nāzl* — *nęazl* nägel, *aka* — *ėka* acker, ausserdem von nicht umlautenden nur *fiŋa* finger. Bei den drei wörtern *hǣan* horn, *dǣan* dorn und *kǣan* einzelnes korn sind ebenfalls die numeri gleich, indem der umlaut aus dem pl. auch in den sgl. gedrungen ist.

2. Mit -*ə* im plural und dat. sgl.

§ 378. Die hierzu gehörigen wörter haben im dat. sgl. und im nom. acc. pl. die endung -*ə*; im letzteren numerus können sie auch umlaut haben. Ohne umlaut flectiren z. b. die masc. *dax* — *dāzə* —

---

¹) Vgl. Jellinghaus: *wāch, hāf, trāch* gegen *wiage, huawe, truage*, § 16, 73 und 82.

dāgn tag, *vint — vinə — vinm* wind, *daěf — daěvə — dněvm* dieb, *sxriəl — sxrī'ə — sxrī'ən* schritt und neutra wie *sxūp — sxūpə — sxūpm* schaf, *hūa — hūrə — hūr'n* haar. — Mit umlaut: masc. *xast — cěstə — cěstn* gast, *slax — slęazə* schlag, *bòk — bökə* bock, *huxt — hyctə* strauch, *xrǭt — xrāə* grüte, *ǭl — ūlə* aal, *fām — fęamə* faden, *tręax — tręazə* trog, *suən — syənə* sohn, *haǔf — haěvə* huf, *pěöt — pöětə* sumpf, pflütze, lache, *tüm — tuīnə* zaun, *vǭam — vǭamə* wurm; neutra: *fat — fětə*, *fęatə* fass, *sxap — scèpə, scęapə* schrank, *bunt — hynə* bund, *lěön — lòěnə* lohn.

3. Plural auf -ə.

§ 379. Die hierher gehörigen wörter haben im dat. sgl. -ə und wenn es möglich ist, umlaut im plural ausser den neutris *haön — haöna* huhn, *lam — lamə* lamm, *kalf — kalva* kalb, *rat — rā* rad (vgl. § 374, 1 über den dat. sgl.), *blat — blā* blatt. Neben letzteren beiden formen kommt jedoch auch umgelautet *rę̄a* und *blęa* vor, und neben dem plural *xlęazə* gläser erscheint *xlāzə* in der zusammensetzung *xlāzəsxap* schrank mit glastüren. — Von masculinis nenne ich: *stòěn — stòěnə — stòěnan stòěnən* stein, *xòěst* geist, *man — měna* mann, *rant — rěna* rand, *vòlt — vǫla* wald, *siòk — stòka* stock, *daǒk — daěka* tuch; von neutris: *kint — kina* kind, *klòět — klòěa* kleid, *miǔl — muīla* maul, *hitts — huīzn* haus, *baǒk — baěka* buch, *lant — lěna* land, *bręat — bręa* brett.

4. Plural auf -s.

§ 380. Die schon in mnd. zeit wol durch vermittelung des niederländischen aus dem französischen eingedrungene pluralbildung auf -s findet sich bei alle den worten, welche sonst die beiden numeri weder durch eine endung noch durch umlaut des stammvocals zu unterscheiden vermögen. Sie haben im dat. sgl. keine endung, im dat. pl. entweder -n oder wie im nom. -s. Beispiele sind: *finsta — finstəs* fenster, *hāma* hammer, *tèla* teller, *biəka* becher, *iəzl* esel, *ęŋl* engel, *duivl* teufel, *slyətl* schlüssel, *kryəpl* krüppel, *priəkl* stachel, *sciəpl* scheffel, *spaěʒl* spiegel, *kęl* kerl,*vūzn* wagen, *brūn* braten und sonst noch viele wörter auf -a, -l und -n, besonders alle deminutiva wie *kinəkn — kinakəs* kindchen, *òězəskn — òězəskəs* äuglein (wegen des ausfalls von n vgl. § 172 b). Neben dem umlaut des stammvocals zeigen noch -s: *brěön — bròěa* und *bròěas* bruder, *tènan — tòěans* türme, *buəta* n. — *byətas* butterbrod, *aòva — aěvas* ufer.

b) Alte ja-stämme.

§ 381. Dieselben haben im nom. acc. sgl. und pl. -ə. Es gehören dazu nur noch die masc. *kęzə* käse und *vaęta* weizen sowie die neutra *ěnə* ende und *xlykə* glück. Von *stykə* stück bildet man neben *stykə* auch *styka*, von *xəsictə* gesicht nur *xəsicta*; *bèdə* endlich geht im plural schwach.

II. Feminina.

§ 382. Sie haben im sgl. keine endung, im pl. nom. acc. -ə, dat. -n und umlaut der wurzelsilbe. Hierher gehören: *lüs — luīzə — luīzn* laus, hū̃t — huĩə hant, fũ̄st faust, cëós — xöë:ə gans ſlëo floh, nuxt — nëctə nacht, nuət — nyətə nuss, plaöx — plaëzə pflug, māzət — mɐazədə magd, kunst — kynstə kunst; keine endung im plural hat döxtə — döctə tochter.

B. Schwache declination.
I. Masculina und neutra.

§ 383. Sie haben im nom. sgl. die endung -ə, in allen übrigen casus -(ə)n oder -m. Ich nenne: hūzə — hase, ryzə rücken, rözə roggen, balkə balken, suldātə soldat, dũ̄mə daumen, hruĩmə bräutigam, öemə oheim, xantə ganser, ruĩə rüde, hund, māzə magen. — hɐ̃a herr und biũa bauer haben im nom. sgl. kein -ə. Neutra: hɐatə herz, mɛnskə (auch m.) mensch.

Anm. Im pl. wird auch oft an das -n noch ein -s gehängt, so z. b. hɐ̃nəns bühne, sluʼəns schlitten u. s. w.

II. Feminina.

§ 384. Der dat. sgl. und der ganze plural enden auf -(ə)n oder -m, der acc. sgl. ist dagegen dem nominativ gleich geworden.

Beispiele sind: staŋə — staŋn stange, trapə treppe, taskə tasche, pu̧tə pforte, stroatə strosse, luftröhre, stoavə stube, sxuĩtə scheisse, dreck, ɐ̃rə erde, mĩũdə maul, kĩũdə grube, loch, sciũtə schüppe, sunə sonne, ɯyskə mütze, stipə schoss, s.xaũlə schule, blackə bleiche, luĩnə leine, kɐ̃akə kirche, luŋə lunge. — Jedoch nimmt die bildung des dat. sgl. auf -n immer mehr ab und ist fast auf die redeweise der älteren leute aus den niedrigsten ständen und vom lande beschränkt. Die worte treten dann ganz in die grosse klasse der im folg. § besprochenen gemischten flexion über.

C. Gemischte declination.

§ 385. Hierunter stelle ich alle die wörter aller drei genera zusammen, die im sgl. stark, im plural schwach flectiren. Es sind:
 a) masc., z. b. apl — apln apfel;
 b) fem., z. b. iũlə eule, ðëkə eiche, farvə farbe, antə[1]) ente, biəkə bach, mɐ̧tə mass, mɐalkə milch u. s. w. (oder ohne endung im sgl.: scyətl schüssel, tiũfl, tufl kartofel, dɐ̃a tür), eine sehr zahlreiche klasse;
 c) neutra: bëdə — bëdn(s) bett, blāzə (auch fem.) kind, cözə — cögn auge, ɛ̃nə ende, hiəmət — hiəmdn (oder hiəmdə) hemd.

Zweiter abschnitt.
Adjectiva.
I. Flexion.
A. Starke declination.

§ 386. Wir unterscheiden zwei klassen von adjectiven in der starken flexion:

---

[1]) Mnd. anet (mit tl. a).

1) solche, die in der sogen. „unflectirten form" keine endung haben,

2) solche, welche in derselben auf -*ə* ausgehen. Ehe ich die massgebenden paradigmen mitteile sei vorausgeschickt, dass der nom. sgl. masc. der starken flexion unserer mundart verloren gegangen ist, indem sie für denselben stets den accusativ verwendet, einerlei ob die betreffende form als subject oder object steht, vgl. z. b. *ηxrèŭtn juηn vastų̄* ein grosser junge war da, oder *dasxòènn ròzn* das ist schöner roggen.

Die verschiedene gestalt der endungen ergibt sich aus den folgenden drei paradigmen für die erste klasse:

1. *blų̄* blau.

	Sgl.			Pl.
	m.	n.	f.	
N.	—	*blų̄, -ət*	*blų̄ə*	N. A. *blų̄ə*
D.	*blų̄əm, -ən*		*blų̄a*	D. *blų̄ən.*
A.	*blų̄ən*	*blų̄*	*blų̄ə*	

2. *vit* weiss.

	Sgl.			Pl.
	m.	n.	f.	
N.	—	*vit, -ət*	*vitə*	N. A. *vitə*
D.	*vitm, -n*		*vita*	D. *vitn.*
A.	*vitn*	*vit*	*vitə*	

3. *sxarp* scharf.

	Sgl.			Pl.
	m.	n.	f.	
N.	—	*sxarp, -ət*	*sxarpə*	N. A. *sxarpə*
D.	*sxarpm*		*sxarpa*	D. *sxarpm.*
A.	*sxarpm*	*sxarp*	*sxarpə*	

Anm. 1. Der dat sgl. m. und n. hat neben der starken form auf -(ə)m auch eben so oft die schwache endung -(ə)n. z. b. *fan vitm* oder *vitn tweąn* von weissem zwirn, *faη xuədm* oder *xuədn höltə* von gutem holze.

Anm. 2. Das adj. hat im neutrum nur dann die endung -*ət*, wenn es ohne substantivum steht, z. b. *ηxračnt* ein grünes, aber: *ηxračmblat* ein grünes blatt.

§ 387. Nach 1) gehen alle vocalisch auslautenden adjectiva, mit ausnahme der mit *a* aus *r* schliessenden, nach 3) alle mit labialem ausgang. Bei dem wechsel von auslaut und inlaut treten bei den stimmhaften spiranten, verschlusslauten und *r* die bekannten veränderungen ein, vgl.

sxaèf — sxaèrə schief, *lèŭs — lèŭzə* los, *luĭc — luĭzə* leer; *rèŏt — rèŏə* rot, *blint — blinə* blind, *laηk — laηə* lang, *svų̄a — svų̄rə* schwer.

§ 388. Die zur zweiten klasse gehörigen adjectiva haben in der unflectirten form sowie im nom. und acc. sgl. n. die endung -*ə*, während sie sich im übrigen von den anderen nicht unterscheiden. Es stellen sich hierher nicht bloss die alten *i*-, *ja*- und eine anzahl *u*-stämme, sondern auch solche adjectiva, welche die adverbialform angenommen haben, wie *fastə* fest und endlich die einen kurzen vocal + *z* fortis nach § 124 ff. aufweisenden.

Ich nenne als solche: *ęnə* eng, *strèŋə* streng, *stîlə* still, *dikə* dick, *licːə* leicht, *dicːə* dicht, *xəlinə* gelind, *niɣə* neu, *nöɣə* genau, karg, geizig, *nylə* nütze, *cystə* nicht milchend, *dynə* dünn, *trę̄ɣə* träge, *lęɣə* schwach, müde, *xənę̄mə* angenehm, leicht zu schneiden, *cr̄və* gesund, stark, *raënə* rein, *saćtə* süss, *dròęɣə* trocken, *smòćə* geschmeidig, *blòëə* blöde, *bòëzə* böse, *ruĭkə* reich, *ruipə* reif, *vuïzə* weise (aber *unvuis* verrückt), *suïɣə* niedrig, *druïstə* dreist, und als sichere adverbialformen: *saxtə* sanft, angenehm, *fastə* fest, *lātə* spät, *daëpə* tief, *alòënə* allein, *hòëlə* heil, *luïkə* gleich, eben, grade, *hèǖɣə* hoch, *duənə* fest, und endlich mit kurzem vocal + *z* fortis: *xlòɣə* glau, glänzend, *truɣə* treu, *scyɣə* scheu, *ruɣə* rauh.

Anm. In *klaën* klein, *xəmaën* gemein, *xraën* grün und *sxòën* schön ist das auslautende -*e* abgefallen.

B. Schwache declination.

§ 389. In der schwachen flection haben alle adjectiva im nom. sgl. aller geschlechter sowie im acc. sgl. neutr. die endung -*ə*, in allen übrigen casus je nach dem stammauslaut -*ən*, -*n* oder -*m*.

Beispiele: *rèòə — rèǖən* rot, *klaòk — klaòkn* klug, *daëpə — daëpm* tief. Der vocativ zeigt die schwache form, z. b. im sgl. *dumə juŋə* dummer junge, *òlə vuïf* altes weib, im plur. *dumm juŋus!*

Anm. Das adverbium *taò* zu hat auch adjectivische flexion angenommen, denn man sagt nicht nur: *dədœ̄aristaò* die tür ist zu, sondern auch: *nətaòə dǫv* eine „zue" (verschlossene) tür, u. s. w.

II. Steigerung.

§ 390. Der comparativ hat die endung -*a*, flect. -*ərə*, der superlativ -*əstə* oder -*stə*. Jener flectirt stark und schwach. Ist der wurzelvocal des umlauts fähig, so tritt dieser so ziemlich in denselben fällen ein, wo ihn auch das nhd. zeigt. Ein beispiel für die regelmässige steigerung ist: *laëf — laëva — laëvəstə* lieb; mit umlaut: *juŋk — jyŋa — jyŋəstə* jung, *arm — ęama — ęamstə* arm.

§ 391. Im comparativ schieben folgende auf *r* ausgehende ein *d* ein, wie das nl.: *duïa — duïadə* teuer, *stiŭa — stuïadə* gross, stark, *svüa — svöda (svā̆adə)* schwer. — Wegen der verkürzung in dieser form vergleiche die anmerkung zum nächsten §.

§ 392. Eine anzahl adjectiva verkürzen ihren stammvocal im comparativ und superlativ, nämlich:

daëp	*dèpa*	*dèpstə* tief,
klaën	*klèna*	*klènstə* klein,
bròët	{ *brèɣa* / *brèda*	{ *brèɣəstə* / *brèdəstə* breit,

dröc̄zə	dröza	dröcstə trocken.
vuīt	{ viza / vida }	{ vizəstə / vidəstə } weit,
xrèöl	xröta	xröīstə gross,
hèözə	höcta	höcstə hoch,
frëö, fröë	fröëa	{ frözəstə / (fröëstə) } früh,
svī̜a	svöda	(svǣastə) schwer.

Anm. *brèza brèzəstə* sind die lautgesetzlichen formen, entstanden aus und. *brèɛr, brèɛɛte* nach § 126, *brèda brèdəstə* sind dagegen neubildungen mit anlehnung an den positiv und das abstractum *brèdə* breite. Dasselbe gilt von den steigerungsformen des adj. *vuīt*, an deren *d* auch gewiss das f. *vidə* 'weite' anteil hat, und von dem comp. *höcta*, dessen *t* nur durch den einfluss von *höctə* f. höhe erklärbar ist. Der comp. *svöda* endlich ist eine neubildung nach den übrigen formen mit kurzem vocal, wie auch das zugehörige f. *svödə* schwere (vgl. nhd. beschwerde) im anschluss an *brèdə, vidə* etc. verkürzung eingeführt hat.

§ 393. Entwicklung eines *z* zeigen in den steigerungsformen: *nī̜ — nǣza — nǣzəstə* und *nǣcstə* nah und das hiernach gebildete *svī̜a — svǣza — svǣzəstə* schwer.

§ 394. Folgende adjectiva, die nur im comp. und superl. vorkommen, ersetzen den positiv durch einen anderen stamm oder gehören zu adverbien und präpositionen:

xuət gut	bęata besser	bèstə beste,
fiəl viel	mę̈a mehr	möëstə meiste,
—	ę̈a eher	öëstə erste,
(fȳa vor)	fȳdə fürder, weiter	fȳanstə vorderste,
(oava über und (h)oavn oben)	—	(b)oavaste oberste,
(unn unten und una unter)	—	ynstə, ynaste unterste,
(ècta hinter)	—	ècstə hinterste,
(bīūtn aussen)	—	huītastə äusserste,
(midə mitte)	—	midistə mittelste,
(lāta spät adv.)	lāta, lęata, später	lèstə letzte.

Anm. Der comp. minder kommt nur in der zusammensetzung *minajærric* minderjährig, minorenn vor.

Dritter abschnitt.
Zahlwörter.
I. Cardinalzahlen.

§ 395. 1 m. ȫn, f. ȫnə, n. ȫn, subst. ȫnt; 2 tvöë(ə), bæ̈də beide; 3 draē̇(ə); 4 fȫa, fȫərə; 5 fuīf, fuīvə; 6 sès(ə); 7 siəvn oder siəbm, siəvənə; 8 axt(ə); 9 nīəzn, nīəzənə; 10 taēn(ə); 11 èlf, èlvə(nə); 12 tvęalf, tvęalvə(nə); 13 drytaēn; 14 fȫataēn; 15 fuīftaēn; 16 sèstaēn; 17 siəvn- oder siəbmtaēn; 18 axtaēn; 19 nīəzntaēn; 20 tvintic; 30 dęatic; 40 fęatic, 50 fiftic; 60 sèstic; 70 siəvn- oder siəbmtsic; 80 axsic; 90 nīəzntsic; 100 hunat; 1000 diūznt.

Das *und*, welches einer und zehner verbindet, ist zu *ən* oder *n* verkürzt: 21 ȫnntvintic; 22 tvȫənt.; 23 drnēənt.; 24 fȫənt.; 25 fuīvnt.; 26 sèsnt.; 27 siəvən(n)t.; 28 axtnt.; 29 nīəzən(n)t.

Anm. 1. Zu den einzelnen zahlen ist zu bemerken:
a) die längeren formen auf -ǝ von 2 bis 12 werden nur dann angewendet, wenn die zahl allein, also ohne folgendes substantiv oder adjectiv, steht; es können dann auch dative auf -ǝn oder -n davon gebildet werden, z. b. miǝt sĕsn mit sechsen;
b) das y in drytačn ist verkürzung von and. iu, worüber die anmerkung des folgenden § zu der ordinalzahl drydǝ zu vergleichen ist;
c) die zahlen von 70—90 haben die hd. endung -tsic angenomm — es sind die in der älteren sprache mit ant- gebildeten.

Anm. 2. Ein genitiv von ŏčn kommt vor in der verbindung: ŏčns oder ĕns suin eins sein.

II. Ordinalzahlen.

§ 396. 1. ŏĕstǝ, 2. tvĕdǝ, anǝrǝ andre, 3. drydǝ, 4. fŏĕ.ltǝ, 5. fuĭftǝ, 6. sĕstǝ, 7. sıǝvntǝ oder sıǝbmtǝ, 8. axtǝ, 9. nıǝzntǝ, 10. taĕntǝ, 11. ĕlftǝ, 12. tvęalftǝ, etc., 20. tvinticstǝ etc., 100. hunatstǝ, 1000. diñzntstǝ.

Anm. 1. Die ordinalzahl von 2 kann ihre vocalkürzung nur dem einflusse des benachbarten drydǝ verdanken, dessen y für älteres i eingetreten ist. Vielleicht haben sich die cardinalzahl drytačn 13 und das ordinale drydǝ derart gemischt dass ersteres die qualität (ä), letzteres die quantität (kurzes i) hergab.

Anm. 2. Die endung -tǝ in den ordinalzahlen für 4, 7, 9 und 10 ist neubildung statt des älteren d im anschluss an die übrigen formen.

Anm. 3. Hervorzuheben ist noch das multiplicativum ŏĕv/t einfach (g. einfaljǝs), das wegen des ausfalls von n unter § 172, b und wegen der erweichung des f zu v unter § 151 b zu erwähnen gewesen wäre.

Anm. 4. Von ŏčstǝ kommt ein gen. pl. in der erstarrten verbindung ŏĕstadazǝ erster tage, nächstens vor.

Vierter abschnitt.
Pronomina.
I. Persönliche.
a) Ungeschlechtige.

§ 397.

	1. person.	2. person.	3. person.
Sgl. N.	iǝk(ǝ), ik, -k ich,	diũ, dǝ, -tǝ du,	—
D. A.	muĭ, mi	duĭ, di	siǝk, sik sich.
Pl. N.	fuĭ, fi	uĭ, i	—
D. A.	uǝs, us	uzǝ, u:t	siǝk, sik.

Anm. 1. Wegen des f in fuĭ vgl. § 221, 3. us ist unbetonte satzform (wie engl. us), uǝs die betontere, welche ihren diphthong durch anlehnung an das possessivum erhalten hat.

Anm. 2. -tǝ ist die form der 2. person, welche in enklitischer stellung hinter verbalformen erscheint, wie z. b. hęastǝ hast du, wobei das anlautende d dem vorhergehenden t assimilirt wird. Wie im altn. durch falsche trennung von verbalendung und pronomen die formen þit und þér für it und ér entstanden, so hört man auch bei uns häufig durch ähnliche übertragung vanstǝ 'wenn du'.

Anm. 3. Das anlautende j von i schwand bei der enklise. Der längeren form hätte es dagegen bleiben sollen, und dem mnd. ghī entsprechend wäre juĭ zu erwarten, das auch auf einigen entfernteren dörfern wirklich vorkommt. Bei uns muss also der wegfall dieses consonanten einer beeinflussung der betonten form durch die unbetonte zugeschrieben werden; ebenso erklärt sich uzǝ (= mnd. juwe) statt *jŭʒə. u.x̌ hörte ich nur in der stadt neben uχə und vermute darin anlehnung an nhd. euch.

Anm. 4. Die form siək kann ihren diphthong entweder der angleichung an iək(ə) verdanken, oder sie ist durch sandhi entstanden, wenn das k vor vocalisch anlautenden wörtern zur nächsten silbe gezogen wurde und das i somit in offene silbe kam, wie z. b. haćhęat siəkantrŏkn er hat sich angezogen.

b) Geschlechtiges.

§ 398. Die flexion desselben zeigt folgendes paradigma:

	Sgl.			Pl.
m.	n.	f.		
N haē, hə, -ə	ət, t	saē, sə, zə	N. A. saē, sə, zə	
D. ęam(ə)		ęu, ęa, a	D. nə.	
A. ęan(ə), nə	ət, t	suē, sə, zə		

Anm. 1. Im dat. sgl. kann auch die form nə des acc. sgl. m. für das masc. und neutr. gebraucht werden. Den diphthong ęa statt des nach and. imu, ina zu erwartenden *iə darf man wol als analogiebildung nach den entsprechenden formen des demonstrativs dęam, dęan ansehen.

Anm. 2. Ein unbetonter gen. sgl. kommt nur in redensarten vor wie tvǣanatvŏə es waren ihrer zwei, viŭfəl vǣana wie viel waren ihrer?

II. Possessiva.

§ 399. Diese flectiren ganz wie adjectiva und lauten: muĭn mein, duĭn dein, suĭn sein, ęa, ęa (flect. ęrə, ęrə) ihr, uəzə unser, uχə euer.

Anm. Das uə in uəzə ist natürlich erst durch tondehnung des in unbetonter satzstelle verkürzten u von us entstanden, welches also gerade wie ein von altersher kurzer vocal behandelt worden ist. Zu erwarten wäre sonst *iŭzə, wie es auch im östl. Westfalen erscheint. Nach uəzə ist die oben neben us erwähnte form uəs wider eine neubildung, die sich neben us stellt wie iək neben ik.

III. Demonstrativa.

a) Einfaches demonstrativum.

§ 400. Das zugleich als bestimmter artikel und als relativ verwante einfache demonstrativpronomen flectirt so:

	Sgl.			Pl.
m.	n.	f.		
N. daē, də	dat, dət, ət, t	daē, də	daē, də	
D. dęam, m		dęa, dęa, da	dęan, dèn, n	
A. dęan, dèn, n	wie N.	wie N.	wie N.	

Anm. 1. dat verwandelt im satzgefüge vor enklitisch angelehnten, vocalisch anlautenden wörtern sein t in d: vadik was ich, vadət was es, vadun... was und..... Dasselbe gilt von dem pronomen vat (§ 402). Vgl. hierzu die bemerkungen über vŏŏt und mŏt § 364 anm. und § 370 anm.

Anm. 2. Der gen. sgl. dès kommt nur erstarrt in verbindungen wie dèsvęaʒn deswegen vor.

b) Zusammengesetztes demonstrativum.

§ 401.   Sgl.   Pl.
     m.   n.   f.
N. *dyəzə   dyt*   *dyəzə*   *dyəzə*
D. *dyəzm, dyəm*   *dyəza, dyə* *dyəzn, dyən*
A. *dyəzn, dyən*   wie N.   wie N.

Anm. 1. Ein gen. pl. kommt vor in der redensart *dyəzadəʒə* dieser tage, neulich.

Anm. 2. Aus den formen, welche im and. *iu* hatten, dem nom. pl. f. und dem instr. sgl. und nom. acc. pl. n. *thius* drang das *ū* zunächst in den nom. acc. sgl. n. *thit*, der so zu *dūt* umgewandelt wurde, und von da auch in alle übrigen casus, die ursprünglich *ē* als wurzelvocal besassen. Nach analogie dieser wurde dann auch das lange *ū* im nom. sgl. f. und nom. acc. pl. n. verkürzt und in offener silbe zu *yə* gedehnt. Die formen ohne z muss man wol als neubildungen nach den entsprechenden formen des bestimmten artikels auffassen; das verhältnis *dat: dęam, dęan = dyt: dyəm, dyən* mag ihre entstehung zeigen.

IV. Interrogativa.

a) Das einfache fragepronomen *wer*.

§ 402. Es kommt nur im singular m. und n. vor und lautet:
     m.   n.
N. *vaē*   *vat* (*vad*, vgl. § 400, anm. 1).
D. *vęam(ə)*
A. *vęan(ə)*   wie N.
Instr. —   *viŭ* wie.

Anm. *vat* wird vor dem unbestimmten artikel wie das nhd. *was* für bei staunendem ausruf gebraucht, vgl. *vatnə kęakə* was für eine kirche!, *vatn hiŭs* was für ein haus!

b) Das zusammengesetzte fragepronomen welcher.

§ 403. Dasselbe heisst *viəkə, viəkat* und flectirt gerade wie die adjectiva.

V. Indefinita.

§ 404. 1) Der unbestimmte artikel ist durch starke verkürzung aus dem zahlworte *ēn* 'ein' entstanden, wobei der unbetonte wurzelvokal ganz geschwunden ist.

Die formen lauten:
     m.   n.   f.
N. *n*   *n*   *nə*
D. *nəm*   *na*
A. *nən, n* *n* *nə*.

2) Statt dieser formen können auch zusammensetzungen mit *sëö* 'so' gebraucht werden, die auch die bedeutung von nhd. solch ein, ein solcher haben. Letzterem entspricht sonst *syək*, das wie ein starkes adj. flectirt wird.

3) Andere indefinita sind: *vaē* jemand, *viəkə* einige, *vat* 'etwas', und mit folgendem plural: 'einige'. wofür jedoch meist die oben § 214

besprochene form *vɔat* gebräuchlich ist, *at* all (N. A. sgl. n. in subst. bedeutung: *aləs* = ul. alles, also genitiv), *niks* nichts (wol aus einem hd. dialekte entlehnt!), *dəsëlvə* derselbe, *mə* man, *nyməs* niemand, *ðënigə* einige, *kuën* kein (aus dem hd.), *manicmul* manchmal, *maŋəst* zuweilen, mitunter, *ictns* irgendwie. Einander wird nur durch *öën* ausgedrückt: *dɔrðën* durcheinander, *iütðën* auseinander, *fɑnðën* von einander, *buïðën* oder — mit anlehnung an das vorige — *buīnðën* bei einander. — *jöcdə* jeder und *jöcnɔ* jene sind entlehnungen aus dem hd., über *ðc̈* = *ē* vgl. § 236. *cismtn* dort und *ciəsuīt* jenseits sind dagegen echt ndd. und zeigen wie *cistm* gestern (§ 52 b) und *ciəvn* geben (§ 299) palatalumlaut.

Fünfter abschnitt.

Präpositionen.

§ 405. Die präpositionen teilen sich in solche die nur den dativ, nur den accusativ oder endlich beide casus nach sich haben. Die zu ihnen gehörenden adverbia sind gleich beigefügt.

1. Mit dem dativ.

fɑn von (*fam* vom), *ciəgnɔava* gegenüber, *iüt* uns (adv. *iütə*; *biütn* aussen), *maŋk* zwischen, *miət* mit, *nū*, *nö* nach, *suīt* seit, *taö*, *tə* zu (*tam* zum, *ta* zur).

2. Mit dem accusativ.

ɑnə ohne, *dȫa*, *dɔa* durch, *fȫɑ*, *fɔa* für, *ciəgn*, *tiəgn* gegen, *ym* (adv. *ymɔ*) um.

3. Mit dativ und accusativ.

ɑn an (*ɑm* am, adv. *ɑnə*, *ɑnɔ*), *buï* bei, *ëctə* hinter (adv. *ëctn*), *fȫɑ*, *fɔa* vor, *in* in (*im* im, adv. *inə*; *binn* binnen, *ɔp* auf (adv. *ɔpə*), *öavə*, *bɔavə* über (adv. (*b*)*ɔavn* oben), *tyska* zwischen (adv. *tyskn*, jenes ist eine neubildung nach dem verhältnis *ëctn*: *ëcta*, wo *ëctn* seinen vocal der präposition entlehnt hat), *unɑ* unter (adv. *ɪnn* unten).

Anm. Für das nhd. her- und hin- in verbindung mit adverbien kennt unsere mundart nur das aus ersterem verkürzte r, z. b. *riüt* hin-, heraus, *runa* hin-, herunter, *rɔava* hin-, herüber. Eine neubildung nach diesen und den präpositionen auf -a ist das neben *röp* hin-, herauf vorkommende *röpa*.

Anhang.
Die hauptabweichungen der nachbardialekte.

§ 406. Im dorfe Hovestadt an der Lippe sind mir folgende eigentümlichkeiten aufgestossen:

1) Den Soester diphthongen *iə, uə, yə, īə, ūə* und *ȳə* (vgl. die §§ 60, 62, 65, 66, 100—102) entsprechen die einfachen längen *ī, ū* und *ȳ*, z. b. in *līpl* löffel, *vītn* wissen, *ūzə* unser, *sūmα* sommer, *mȳlə* mühle, *dȳn* diesen, *īɀl* igel, *kūɀl* kugel, *ȳvl* übel;

2) statt *uï* ist *əë* vertreter des alten *ī* (vgl. § 73), wo *ə* einen mittellaut zwischen *ä* und *ö* bezeichnen soll, z. b. in *məën* mein;

3) altes *ó¹* ist nicht zu *aö* (vgl. § 74), sondern zu *āö* geworden — *ä* = engl. *α* in *man* —, vgl. *blāömə* blume;

4) der umlaut des vorigen ist *öë*, nicht *αë* wie in Soest (§ 75), z. b. *blöëməkn* blümchen, *ɀröën* grün;

5) Soester *iü* aus *ū* (§ 78) erscheint als *əü* oder *əö*, z. b. *məüs, məös* maus;

6) dem *öë* vor *r* (*α*), wie es in Soest bei den in § 94 b verzeichneten wörtern steht, entspricht *αē: faēα* 4, *daēαn* dirne;

7) zu den in § 119 erwähnten verkürzungen von *ū¹* zu *ö* stellen sich hier noch *böknhòlt* büchen holz (in Soest mit anlehnung ans stammwort: *bαčkn-*), sowie die verbalformen *döst, döt* tust, tut. Erstere hat natürlich als lautgesetzliche die andere nach sich gezogen, während in Soest nach *duët* ein *daëst* neu gebildet ist.

§ 407. In den dörfern Sassendorf und Lohne, ³/₄ resp. 1 stunde östlich von Soest gelegen, waren folgende abweichungen zu verzeichnen:

1) Kurzer vocal + *n* entwickelt sich vor *s* zu langem nasalen vokal, wobei die öffnung des gaumensegels jedoch nur eine geringe ist, so dass derselbe schwache nasale klang entsteht, wie ihn das nordamerikanische englisch aufweist. Ich bezeichne die nasalirung durch das zeichen ˜ und führe als beispiele an: *kã͂st* kannst, *m̃ẽskə* mensch, *vỹskn* wünschen;

2) die lenes *ɀ* und *v* schwinden im inlaut vor *n* und *l*, z. b. *klãn* klagen, *slãn* geschlagen, *m̃õαn* morgen, *fül* vogel, *ã͂nt* abend, *ȭαn* ofen;

3) *w* ist vocalisirt in *hiəluəx* Hellweg (Soester *hiəlvęnx*, *iə* weist auf umlauts -*e* oder auf *i* zurück);

4) *d* fortis geht in *R* über: *bèRə* bett, *haRə* hatte, *vaRik* was ich (vgl. § 402);

5) statt *mòt* muss (§ 370) sagt man *mat*, indem dieses verbum sich den formen *kan, dRaf, sal* und *max* der 3., 4. und 5. ablautsreihe anschloss.

Texte.

1. Der geschlagene ehemann. (Lohne).

1. *FRaö vòlnò kẹ̃amèsxā̃n, hē̃ hòpsū!*
   man daē vòl eök miətxū̃n.
   fada dRidə dRudə dkalala,
   fada dRidə dRudə dRuəm.
2. „*fū diū sastə hiüzəbluïbm, h. h.*
   „*dRaē styk xū̃an sastiū spinn.*" *f. d. etc.*
3. *èa fRaö vuïa faŋkẹ̃amès kām:*
   „*man viñflǝl hẹastiū spunn?*"
4. „„„*draē styk xū̃an hèvik spunn,*
   „„„*tvòē hètsə muï āvəstọaln.*""
5. *nūm daē fRaön Röklstòk,*
   hòxdèŋ kẹ̃l oava dèŋkòp.
6. *kẹ̃l nūdəm nū̃va laēp:*
   „*nū̃vəRik hèvə duï valəklān,*
7. „*muï hẹat muïm vuïvəslān.*"
   „„„*xòēt muï nit [xRūdə] sèö?*""
8. „*fuï vèt nòm amtmaŋ xū̃n.*" —
   „*amtman, fuï hẹ̀tuï valəklān:*
9. „*uəsèt uəzə vuïva slān.*"
   „„„*[stRūfət] uzəvuïva sèlvəRaf!*""

2. Klage der frau. (Lohne).

lək hami mū̃l sèi̇̃n òl'mman
im kūtnspiə̀lə vunn,
iəksatnə inn sxọat stòḕn
un vānə fọ̃a de sunə;
5 *al vaRəkmə dē, dat baRəmənit,*
haē slaöxmi mū̃l, dat sxaRəmuïnit.
sòlik muïnn juŋm bèk
lèẓn ansèön òl'ŋcèk?
falaēva vòlik stẹavm,
10 *aē jū̃, fadẹavm!*

3. Folmert auf der Möhne. (Lohne.)

1. *Fòlmat kRòĕc suĩnə fRaŏ vọal buĩdęan tòĕvn:*
   „*ĕŏ fRaŏ, vat hęastiŭ dų̈?*"
   „„„*das muĩn tòĕfaŏt.*"̆"
   tòĕ faŏtaĕnə,
   fòlmat optamaĕnə,
   xñs unti xā,
   sĕŏ fòlzət fòlmat suĩmə vuĩvə nų̈. iṅjų̈, ịjų̈.

2. *fòlmat kRòĕc suĩnə fRaŏ vọal buĩ dęam platfaŏt:*
   „*ĕŏ fRaŏ, vat hęastiŭ dų̈?*"
   „„„*das muĩm platfaŏt.*"̆"
   platfaŏt tòĕfaŏt, tòĕ faŏtaĕnə,
   fòlmat òpta maĕnə, (u. s. w.)

3. *fòlmat . . . . dęam ęŋkl . . . . . .*
   „*das muĩn ęŋklbòĕn.*"̆" *(u. s. w.)*

4. *fòlmat . . . . dat knaĕ . . . .*
   „„„*das muĩnə knaĕsxuĩvə.*"̆"

5. *fòlmat . . . . daĕ lęnə . . . .*
   „„„*das muĩn lęnə bòĕn.*"̆"

6. *fòlmat . . . . dęam fũl . . . .*
   „„„*das muĩŋ klĕŏaxāt.*"̆"

7. *fòlmat . . . . dęam bulic . . . .*
   „„„*das muĩŋ kRų̈mkǫaf.*"̆"

8. *fòlmat . . . . daĕ pöpm . . . .*
   „„„*das muĩmęalk fāt.*"̆"

9. *fòlmat . . . . dęam bų̈t . . . .*
   „„„*das muĩm bų̈txaŋk.*"̆"

10. *fòlmat . . . . dęamunt . . . .*
    „„„*das muĩm fRęatiũt.*"̆"

11. *fòlmat . . . . daĕ nāzə . . . .*
    „„„*das muĩn snñ̈uviũt.*"̆"

12. *fòlmat . . . . daĕ ĕŏzn . . . .*
    „„„*das muĩŋ kuĩkiũt.*"̆"
    kuĩkiũt snñ̈uviũt
    snñ̈uviũt fRęatiũt
    fRęatiũt bų̈txaŋk
    bų̈txaŋk męalkfāt
    męalkfāt kRų̈mkǫaf
    kRų̈mkǫaf klĕŏaxāt
    klĕŏaxāt lęnəbòrn
    lęnəbòĕn knaĕsxuĩvə
    knaĕsxuĩvə ęŋklbòĕn
    ęŋklbòĕn platfaŏt
    platfaŏt tòĕfaŏt

lòĕ faōlaënə
fòlmat òpta maēnə
xās unti xū,
sèō fòlzəl fòlmut suimə vuĭvə nā.
     inĵū̜, iĵū̜.

4. Fastnachtsspruch. (Lohne.)

Lytkn lytkn fastā̜nt,
ciətmin hastimuĭnn spiət,
lòtmi nitə laŋə stā̜n,
matnòn huĭskn fōdə xā̜n!
5 stuĭzədində vūmə,
snuĭət laŋə stRuĭmə,
lòtat mèskŋ siŋkn
bit mldnninn sciŋkn,
lòtat mèskŋ xluĭən,
10 bit midn ində suiən;
tRèkəta mita [kRasə] fǫahẹ̄a,
damaēntə fā dəkatèdā̜n.
daĕ katə vas bəlǫazn,
daĕ fā vas bədRǫazn.
15 xRaĕn istat vikmblāt,
sxòĕnə mę̄akn ciətmi vat,
ciətmi vatun lòtmi xā̜n,
lòtmi nitə laŋə stā̜n.
unamə ęakatmbèōmə
20 saluʒə xǫat bəlèōnn,
tint ĵā̜Rymə dyəzə tuĭt
sintaĕ svuĭnəkəs vuia fèt.

5. Lieder beim flachsraufen. (Lohne.)

I.

midn unada liñkn
dā̜ sitaĕ fŭĭl'n ñkn,
unn an dèm sylə
dā̜ buzltsə imylə,
5 ǫabm amə ènə
dā̜ sitaĕ fŭĭl'n fèlə,
ǫavn ñ́Ưta kyəkndǭa
dā̜ kuəmətaĕ xuədn stñkə hẹ̄a.

II.

vaniknò kę̄akŋxò
tRèkikmi an,
sèō vaka, sèo snaka
èat sitŋkan.

5 vaŋk iŭtɔ kẽakŋkuəm,
tκekik mi iŭt,
dan sinik alə sundax
mə jòĕdn suīnə bκiŭt.

III. Zwiegespräch.

1. Ruzəduzəduk val stŏĕt foaκuəza kyəkndṏa?
   jū̆, jū̆ falɔκalɔκa!
   „ŏĕmɛakmmitaĕ vitn scoatə fū̆a."
2. R . . . . . daĕ luīə daĕ sèzətiŭ vòlstŋkint,
   jū̆ . . . .
   suĭtao datiŭ dèm fūda finst!
3. „R . . . dèm fūda hèvik fũami stɑn,
   „iək dκafta kaĕmbκiŭn ėözöp stān."
4. dκafstiŭda kaĕmbκiŭn ėözöp stān:
   iək ròldarɔal miətə hèdə xān!
5. „vòlstiŭda vɔal miətə hèdə xān:
   „dū̆ fòlzət òpət jūanə varzə na".
6. dat varznhòlt dat is fabκant,
   taĕ ik imuīnəs fūdɔs lant.

6. Rätsel.

I. (Lohne.)

1. iək vòĕtŋx:κaĕm bκiŭŋkκiŭt,
   hɛatm bκiŭnm iŭtapκiŭt,
   vòĕt jĕŭnit viŭthèt.
   „iəzətan òkm pöpətəmblūt?"
   ĕö nòĕ!
2. iək vòĕt . . . .
   „iəzətan òkŋ kumpsthlūt?"
   ĕö nòĕ!
3. „iəzətan òkn κuŋkltmblūt?"
   ĕö nòĕ!
4. „iəzətan òkŋ kèŭtblūt?"
   kèŭtblūt, kèotblūt, k., k. iəzət!

II. (Lohne).

ėctəκuəzm hiŭzə
hèŋət nə fiκlifŭzə,
vaŋdaĕ laĕvə sunə scint
dandaĕ fiκlifŭzə cκint.
5 n uĭskɛakt.

III. (Soest.)

èclɘʀuɘzm hiñzɘ
stòët nɘ kuŋkldiñzɘ,
brènt dāzunaxt,
unbrèntòx kaën hiñzaf.
nɘ niɘll.

IV. (Soest.)

iɘk smuïtɘ vat vitɘs òpndak
unɘt kyɘmɘt cęal vuïaruna.
n ač.

V. (Soest.)

hypłkm pyplkn òpta baŋk,
hypłkm pyplkn unada baŋk,
ɘtis kaën dòktarin ɘŋelant,
daë h ... p ... kuròëan kan.
n ač.

VI. (Soest.)

m fòčamòznsnuïdɘ: vat istat?
m fïla.

7. Wiegenlieder.

I. (Lohne.)

siñzɘ, ninɘkn, siñzɘ,
dʀaë vaëzɘnin òëmɘ hiñzɘ:
sòltɘm biñanit baŋɘ vęan?
hęatkaëm bʀèöt imɘ sxāpɘ,
5 hęatkaëm bʀèöt imɘ hiñzɘ,
uŋkaëŋ cèlt ina taskɘ,
daëkina daëmöt smaxtn.

II. (Sassendorf.)

siñzɘ, ninɘkn, slǣpkn,
dòbñŋ xòëtn scǣpkn,
hęat sëö vitɘ vulɘ,
ciɘtɘ męalkɘtɘ stʀulɘ,
5 hęatsëö vitɘ faëtɘ,
ciɘtɘ męalkɘ sëö saëtɘ.

III. (Lohne.)

suïzɘ sāzɘ, hòtɘvāzɘ,
vètaë kaö nò kölɘn jāzn,
vètsɘ nit fakèöpm,
vètsɘ lǟtn lèöpm
5 indat sxòënɘ maëxʀas
vū daë sxòënm blaëmɘkɘs vasɘt,
daë sal sèzmmę̄.

III. (Lohne.)
ö væRiktȯx ȯèvicnə jumfı blīəvn,
un hèaminit in dɐ̩n ȯèəstant ciəvn!
niū matik sitm buïda vaēʒə,
unsiŋn: „aē, aē,
5 aēa pȯpaē, aēa pȯpaē".

IV. (Lohne.)
vananəʀə luïətam bȯèɹxȯt,
damaʀik buï da vaēʒə stɑ̨̄n,
daŋxȯētaē vaēʒə sviksvak,
stɑ̨̄ptiū klaēnə diksak!

8. Kinderlieder.

I. (Soest.)
tuk tuk tukmuīn haēnəkn,
vat hèvikti dan dɑ̨̄n?
diū plykstmi alə blaēməkəs,
un lèstmi kaēnə stɑ̨̄n.

II. (Lohne.)
diū klaēnə klaēnə klyntakn,
vadaēstə in uəzm hǫafkn?
diū plykstus alə blaēməkəs,
diū mèkstat fiəltə xʀǫafkn.
5 dəmama saldi hȯŕn,
dəpapa saldi stɑ̨̄n,
ą̄ diū klaēnə klyntakn,
viū saldi datvǫat xɑ̨̄n?

III. (Lohne.)
iək scēʀədi dən dutajɑ̨̄n,
daē saldi fǭadɐ̩am kȯpə stɑ̨̄n;
sèc hānȯda bȯkȯda cèȯs!
„hānə". dan faŋik vuïəʀānə.
5 „bȯk". dan hǣʀik nèȯnit ȯp.
„cèȯs". dan lȯtik nèȯnit lèos.

IV. (Soest.)
riŋə, raŋə, rèȯzə,
buətərinda dèȯzə,
smȯtt imə kastn,
mǫ̆azmmȯfi fastn,
5 ǫavımǫ̆azni lèməkn staxtn,
dat sat sèzmmę̄.

V. (Soest.)
pȯēta nèlə xafmi strèȯ,
dat strèȯ xafkta kuȯ,

daĕkaŏ xafmi mętlkə,
daĕ mŏṵkə xafkĭm fęṵkn,
5 dat fr̥akŋ xafmi spèk,
dat spèk xafkĭm haĕnəkn,
dat haĕnəkn laxmīn aĕkn,
dat aĕ dat braxtkm bèka,
də bèka bèk mīn stĭṵtn,
10 dęan stĭṵtn xafkta briṵt,
də briṵt daĕ xafmi safərṵn,
umŏazn sastətə xastə xṵn.

VI. (Soest.)

Puĭzəkn, puĭzəkn pèk pèk pèk,
'hòltuĭn hènəkn strèk strèk strèk,
xònòmākt uŋkèöpminə kuŏ,
daŋkricstn stykskn lęawataŏ;
5 nstykskn fanda luŋn
isxuət fŏaŋklaĕn'n juŋn,
nstykskm fanda nòĕan
isxuət fŏadə klaĕnə dòĕan.

VII. (Gabrechten.)

Ruĭtatə pę̄Rə,
fan saŏstnò vęal,
fam vęal nòda lipə,
fanda lipə nòda Rĭũa,
5 do sitn juŋk biũa,
hęatn stĭṵtn intRĭũa.
uĭzəRəmbòk,
sāl dəRòp,
nə sxuĭa ful muĭzə,
10 mpèls fuhuĭzə.

VIII. Bastlöserlied. (Soest.)

sipə sapə sunə,
muĭnəmèòrisnə nunə,
muĭmfā izm pāpə,
kandə puĭpkəs mākn.
5 dəkatə laĕpn tèŏan ròp,
vòlən tèŏan dèkn,
kāmdə xruĭzə hèsə
mitn laŋm mèsə.
snòĕtm kètkn hę̄raf,
10 hiṵtaf,
aləs vatəranə sat.
kètkŋ xluĭ m̆t,
mŏazm bistənə briṵt!
ǫavamŏazŋ kuəm vuĭa,
15 dambistn òlt duĭa!

Hochdeutsch im Soester munde.

(Güthe: Zueignung.)

tsūaĕcnuŋk.

*damōazŋkām; èsxòĕctn saĕnətritə
dènlaĕznslāf, dèzmicəlint umfiŋk,
dasic, èavaxt, aūsmaĕna stìlənhytə
dèmbĕacīnaūf mitfrisca sĕləciŋk;
icfròĕtə mic baĕaĕnəm jĕdən sxritə
dèanòrəmhlūmə, difòl tròpfənhiŋk;
dèajuŋplūx èahōpsic mitèntsykn,
untaləs vārèakvikt mictsuèakvikn.*

*untvīlcstīc, tsōxfòndəm ſtustavīzn
aēnēblsic instraĕfn saxtèafōa.
èa vicunt vèksltə mictsuumſlīsn,
untvuksxəflȳzlt mīrums haūptèmpōa:
dèscōnmbliks sòltic nictmèixənīsn,
dicēzat dèktə mīraēn trȳbaſlōa;
baltsāicmic fòmvòlkn viumxòsn,
untmitmtxsèlpst indèmərunk aēŋxəstòsn.*

Anm. Anlautendes *pf* wird stets als *f* gesprochen, z. b. *feat* pferd.

Uebersetzung nebst anmerkungen zu den texten.

1. Der geschlagene ehemann.

1. Frau wollte nach (der) kirmess gehn, he hopsa, | mann der wollt' auch mit gehn ...
2. „Vater, du sollst zu hause bleiben, h. h., | 3 stück garn sollst du spinnen ..."
3. Als frau wider von (der) kirmess kam: | „mann, wie viel hast du gesponnen?"
4. „3 stück garn habe ich gesponnen, | 2 haben sie mir abgestohlen.""
5. Nahm die frau den rockenstock, | haute den kerl über den kopf.
6. Kerl zu dem nachbar lief: | „nachbar, ich habe dir etwas zu klagen!
7. „mich hat mein weib geschlagen." | —„„Geht's mir nicht grade so?""
8. „Wir wollen nach dem amtmann gehn!" | — „Amtmann, wir haben dir etwas zu klagen:
9. „uns haben unsere weiber geschlagen." | — „„Straft eure weiber selber ab!""

Anmerkungen:
Str. 5: *rōkłstŏk* gehört zu *rocken*.
Str. 6 und 7: *klān*, *slān* = Soester *klaʒn*, *slaʒn* nach § 407, 2.
Str. 7: in *vulvəslān* steckt noch, durch den rhythmus gehalten, das präfix ə- aus älterem *ge-*.

2. Klage der frau.

Ich hatte mir (ein)mal so'n alten mann
im kartenspiel gewonnen,
ich setzte ihn in den schornstein
und (be)wahrte ihn vor der sonne.
5   Alles was ich ihm tat, das half ihm nicht,
er schlug mich mal, das schadete mir nicht.
Sollt' ich meinen jungen mund
legen an so'n alten geck?
Viellieber wollt' ich sterben,
10 ei ja, verderben!

Anmerkungen:
Z. 3: *sxoəstöřn* hat nichts mit nhd. schornstein zu tun, sondern bedeutet wörtlich: schöss-stein, hervorschiessender, -ragender stein (zu mnd. *schot*, mhd. *schoz*, s. auch Woeste unter *schot* ff.).
Z. 5: *vaʀək* = Soester *vadək*; vgl. über *d* für *t* § 402.
Z. 5 und 6: *baʀə*, *sxaʀə* = Soester *badə*, *sxadə* nach § 407, 4.
Z. 9: über *falačva* s. § 134 b.

3. Folmert auf der Möhne.

1. Folmert kriegte seine frau wol bei den zehen:
„oh frau, was hast du da?"
„das ist mein zehfuss"".
zehfuss zehne,
Folmert auf der Möhne,
Ganz und gar,
so folget Folmert seinem weibe nach. ja, ja!

2. *plaifaŏt* plattfuss. 3. *ęŋkl* onkel, knöchel, *ęŋklbŏŕn* enkelbein. 4. *knač* knie, *knaěsxuĩra* kniescheibe. 5. *lěnə* lende, *lěnəbŏěn* lendenbein. 6. *ful* vogel, cunnus, *klěŏaxat* wühlloch. 7. *balic* balg, bauch, *kʀᴀmkʷa/* kramkorb. 8. *pöpm* brüste, *męalkfat* michfass. 9. *bạt* bart, kinn, *bạ̈txaŋk* bartgang. 10. *munt* mund, *fʀęatiũt* fressaus. 11. *nāzə* nase, *sniũviũl* schnaubaus.

Anmerkungen:

Str. 1: *mačnə* die Möhne, ein kleiner nebenfluss der Ruhr. Ueber den vocalismus vgl. § 75. Die form setzt ein and. *Möni oder *Munia (ϱ = got. o) voraus. Darf man es zu lat. *munāre* 'rinnen, fliessen' stellen? — Die bezeichnung *opta mačnə* erinnert an das franz. *sur le Main, sur Aube* etc. — *xâs* = Soester *xans* vgl. § 407, 1. Es ist natürlich aus dem hd. g a n z entlehnt. — *unti* ist wol um den vers zu füllen aus *un* 'und' erweitert. — *injɑ* heisst gewöhnlich *njɑ*, wonebeu sich auch *n'nŏč* 'nein' findet. Dieses silbenbildende *n* ist entweder aus der interjection *na* oder dem adverbium *nu* 'nun' verkürzt.
Str. 6: *ful* = Soester *fɔɔχl* nach § 407, 2. Davon abgeleitet ist das verbum *fyəχln* coire. — *klěŏaxat*. In Soest hat man ein verbum *klaŏɔn* 'mit den händen in etw. wühlen'. — Ueber *xūt* = Soester *xat* (and. gat) vgl. § 374, 2.
Str. 7: *balic*. Den svarabhakti-vocal *i* habe ich nur bei einzelnen personen beobachtet und zwar ausserdem nur noch in *aric* arg. — *kʀąm* hat hier ganz die bedeutung des nl. *kraam* 'wochen-, kindbett'.
Str. 8: Ueber *fāt* = Soester *fat* vgl. § 374, 2.

4. Fastnachtsspruch.

Kleiner, kleiner fastabend!
Gebt mir einen braten in meinen spiess,
lasst mich nicht zu lange stehn,
muss noch ein häuschen weiter (eigtl. fürder) gehn.
5 Steiget in die „wieme",
schneidet lange striemen,
lasst das messerchen sinken
bis mitten in den schinken,
lasst das messerchen gleiten
10 bis mitten in die seiten;
zieht da mit der kratze vorher,
dann meint der vater die katze hätt's getan:
die katze war belogen,
der vater war betrogen.
15 Grün ist das wickenblatt,
schönes mädchen gebt mir was,
gebt mir was und lasst mich gehn,
lasst mich nicht zu lange stehn!
Unter dem eckernbaume
20 soll euch gott belohnen,
künft'ges jahr um diese zeit
sind die schweinchen wider fett.

Anmerkungen:

V. 2: *hast* = mnd. *harst*. — *spiət* ist das mnd. *spit*, mhd. *spiz* 'bratspiess', nicht zu verwechseln mit s p i e s s 'speer, lanze'!
V. 5: *vuĩmə:* das verhältnis zu nl. *wieme* ist unklar, da unser *uĩ* auf altes ì weist.

V. 6: *struīmə* = mhd. *strūne*.
V. 19, 20: d. h. gott möge euch die unter den eichen gemästeten schweine gedeihen lassen!
V. 21: *tint* n. wozu das f. *tinə*, z. b. in *tinə vçakə* 'künftige woche' erkläre ich aus te in dat, te in de Anders Woeste.

5. Lieder beim flachsraufen.

I.

Mitten unter der luke
da sitzen die faulen reusen,
unten an der schwelle
da wühlen sie im staube,
5 oben an dem ende
da sitzen die faulen felle,
oben aus der küchentür
da kommen die guten schlücke her.

Anmerkungen:

V. 2: *fūkə* f. 'spitzer korb von binsen, um fische zu fangen, reuse', so erklärt Woeste unser wort unter *fūke*. Es ist das pl. fulk.
V. 4: *myl* n. gehört mit nl. mul zu nhd. mulm, g. mulda.
V. 8: *sliūk* 'schluck' ist etymologisch = nhd. schlauch.

II.

Wann ich nach (der) kirche geb',
zieh' ich mich an,
so wacker (schön), so schlank,
als es sitzen kann.
5 wenn ich aus der kirche komm',
zieh' ich mich aus,
dann bin ich alle sonntag'
einem jeden seine braut.

Anmerkungen:

V. 1: *nó kęakn*. Gerade so wird der best. artikel fortgelassen bei den verbindungen: *nó bédə, nó sxaölə xñn* zu bette, zur schule gehn, *iūt sxaölə kuəmm* aus der schule kommen. Vgl. hierzu das nhd. zu bette, nach hause und engl. to go to church, to school, to bed, to come from school.
V. 3: *snaka* ist eine weiterbildung von *snak* im anschluss an das vorhergehende *vaka*.

III.

1. R . . . . was steht vor unsrer küchentür?
ja, ja, falleralera,
„ein mädchen mit der weissen schürze vor."
2. Die leute die sagen du wolltest ein kind —
sieh zu, dass du den vater findest!
3. „Den vater hab' ich vor mir stehn,
ich darf dar kein braun aug' auf schlagen."
4. Darfst du dar kein braun aug' auf schlagen —
ich wollte da wol mit zu bette gehn.
5. „Wolltest du da wol mit zu bette gehn:
da folgt auf das jahr 'ne wiege nach."
6. Das wiegenholz das ist verbrannt,
zieh' ich in meines vaters land.

Anmerkungen:

Jedenfalls ist durch ausfall oder veränderung einiger verse oder strophen der inhalt dieses liedes nicht mehr recht verständlich. *fādə* und der gen. *fādəs* (Str. 6) deuten auf entlohnung aus dem hd.

6. Rätsel.

I.

Ich weiss ein grün braun kraut,
hat einen braunen ausspross,
weiss durchaus nicht wie's heisst.
Ist es denn auch ein pappelnblatt?
Oh nein! . . . . . .
Ist es denn auch ein kumpstblatt? . .
Ist es denn auch ein runkelnblatt? . .
Ist es denn auch ein kohlblatt?
Kohlblatt . . . . ist es.

Anmerkungen:

V. 2: *spriñt* m., woneben auch ein fem. *spriñtə* vorkommt, ist = nl. spruit f., e. sprout.
V. 4: Ueber *blat* = Soester *blat* vgl. § 374, 2.

II.

Hinter unserm hause
hängt 'ne firlifause,
wann die liebe sonne scheint,
dann die firlifause weint.
Ein eiszapfen.

Anmerkungen:

V. 2: *firlifiñzə* scherzhafte wortbildung, deren erster teil wol dasselbe ist, wie in unserm firlefanz. *fiñzə* halte ich mit Woeste (s. unter *kunkelfüse* und *füse*) für einen namen der spindel, der aus lat. *fusus* (wozu franz. *fuseau*) stammt.
V. 5: Wie sich *ɯ̄skɾakl* (mnd. *ɪskekel*) zu nl. *ijskegel*, e. *icicle* aus ags. *ɪsʒicel* verhält, ist unklar. Das kegel des nl. könnte übrigens eine volksetymologische umdeutung und anlehnung an kegel 'kegel' sein.

III.

Hinter unserm hause
steht 'ne kunkeldause,
brennt tag und nacht,
und brennt doch kein haus ab.
Eine nessel.

Anmerkungen:

V. 2: *kuŋkldiñzə*: zusammengesetzt aus *kuŋkl* 'kunkel, spinnrocken' und *diñzə*, wozu Woestes *hackeldüse* 'ein gericht von gehackten eingeweideteilen' zu vergleichen ist. Gehört es vielleicht mit dusel und thor m. zusammen?
V. 3: *duʒunaxt* ist jedenfalls schon eine alte verbindung, weshalb auch das zwischen vocalen sth. gewordene ʒ aus x zur zweiten silbe gezogen und das in offene silbe gekommene *a* des ersten wortes lang geworden ist.

IV.

Ich schmeisse (werfe) etwas weisses auf's dach,
und es kommt gelb wider herunter.
Ein ei.

Anmerkung:

Z. 1: *dak* ist in unserer mundart ein masc. geworden.

V.

Hüpfchen, pilppchen auf der bank,
hüpfchen, pilppchen unter der bank,
es ist kein doctor in England,
der h. p. kurieren kann.
Ein ei.

VI.

Ein vierniauen (eruiel) schneider: was ist das?
Ein filler (abdecker, schinder).

Anmerkung:

snuīda muss ein hd. lehnwort sein, wie das intervocalisch bewahrte *d* zeigt. Man hat dafür auch den mehr verächtlichen ausdruck *snéfta*, (zu e. snip, nl. snippelen zu stellen?).

7. Wiegenlieder.

I.

Suse, kindchen, suse,
drei wiegen in einem hause:
sollt's dem bauer nicht bange werden?
hat kein brot im schranke,
5 hat kein brot im hause,
hat kein geld in der tasche,
die kinder die müssen schmachten (hungern).

Anmerkungen:

V. 1: *ninəkn* = ital. ninna 'kind, püppchen'. Entlehnung oder unabhängig gebildet?
V. 2: *üəmə* = Soester *üənəm* zeigt entweder anlehnung an *dɛamə* dem, *ɛamə* ihm, *dyəmə* diesem oder es ist darin *nm* zu *m* assimilirt.
V. 4: Ueber das verhältnis des lautgesetzlichen *sxäpə* zu Soester *sxapə* vgl. § 373 f.

II.

Suse, kindchen, schläfchen,
da draussen geht ein schäfchen,
hat so weisse wolle,
gibt die milch zu strulle,
5 hat so weisse fläsǝ,
gibt die milch so süsse.

Anmerkungen:

V. 1: *slŭpkn* ist ein imperativ der ammensprache, die sogar adverbial- und verbalformen mit der deminutivendung versieht. Für jenes ist ein beispiel *nétkəs* nett, *stīləkəs* still. Vgl. das nl. zachtjes.
Vgl. 4: *strul'n*, ein onomatopoietisches verbum, bezeichnet das geräusch auslaufender flüssigkeiten.

III.

Sige säge, hottewagen,
wollen die kuh nach Köln jagen,
wollen sie nicht verkaufen,
wollen sie lassen laufen
5 in das schöne maigras
wo die schönen blümchen wachsen —
die soll sagen: „mäh".

Anmerkungen:

V. 1: *suīɣə* kann entweder das adj. *suīɣə* 'niedrig', oder ein inhaltsloses wort sein. — *hót* ist der ruf des fuhrmanns wenn das pferd rechts, *hú* wenn es links gehen soll; bei *hÿ* steht es still. Von *hót* sind in der kindersprache *hótəpɛat*, 'pferd', *hótəscim'l* 'schimmel', sowie unser *hótəvŭɣə* gebildet.

IV.

O wär' ich doch ewig 'ne jungfer geblieben,
und hätte mich nicht in den eh'stand begeben!

Nun muss ich sitzen bei der wiege
und singen: „ei, ei,
eia popei, eia popei".

Anmerkung:
V. 3: Ueber *mat* gegenüber Soester *môt* siehe § 407, 5.

VI.

Wann andere leute zum biere gehn,
dann muss ich bei der wiege stehn,
dann geht die wiege schwick schwack,
schlaf du kleiner dicksack!

Anmerkung:
V. 2: Ueber *magik* vgl. § 407, 5 und § 370.

8. Kinderlieder.

I.

Tuck, tuck, tuck mein hühnchen,
was hab' ich dir denn getan?
Du pflückst mir alle blümchen
und lässt mir keine stehn.

II.

Du kleines, kleines klünterchen,
was tust du in unserm hüfchen?
Du pflückst mir alle blümchen,
du machst das viel zu gröbchen.
5 Die mamma soll dich halten,
der pappa soll dich schlagen,
o du kleines klünterchen,
wie soll dir das wol gehn?

Anmerkungen:
V. 1: Woeste verzeichnet: klunte f. 'altes weib', klunter f. '1. schmutziger klüngel, 2. schmutzige, unsaubere person', klunterig 'schmutzig, zerlumpt', kluntern 'das unreine im flachs'. In Soest bedeutet der pl. *kluntan* den augenschleim. Vgl. nl. klont, klonter 'ein klumpen geronnener sachen', klonteren 'gerinnen', klontig, klonterig 'voll von geronnenen stücken' und mnd. klunte 'klumpe', klunter-melk 'dicke, geronnene, saure milch', klunteren 'klümpig werden'.
V. 4: *xrpafkn* ist eine gleiche bildung der ammensprache wie die auf der vorigen seite unter anm. zu II erwähnten.

III.

Ich schere dir den tollerjahn,
der soll dir vor dem kopfe stehn,
sag' hahn, oder bock, oder gans!
„Hahn!" Dann fang' ich wider an.
„Bock!" Dan hör' ich noch nicht auf.
„Gans!" Dann lass ich noch nicht los.

Anmerkungen:
Diese verse werden gesprochen, indem ein kind das andere vorn an der stirnlocke fasst und daran zieht.
V. 1: *dulajņn* 'toller Johann', muss wegen der endung -a '-er' aus dem hd. entlehnt sein.

IV.

Ringe, range, rose,
butter in der dose,

schmalz in dem kasten,
morgen müssen wir fasten,
übermorgen 's lämmchen schlachten,
das soll sagen: „mäh".

V.

Petter Nelle gab mir stroh,
das stroh gab ich der kuh,
die kuh gab mir milch,
die milch gab ich dem ferkel,
5 das ferkel gab mir speck,
das speck gab ich dem hühnchen
das hühnchen legte mir ein eichen,
das ei das bracht' ich dem bäcker,
der bäcker buk mir einen „stuten",
10 den „stuten" gab ich der braut,
die braut die gab mir saffran:
und morgen sollst du zu gaste gehn!

VI.

Püschen, püschen, peck, peck, peck,
halt dein händchen streck, streck, streck,
geh nach dem markt und kauf mir 'ne kuh,
dann kriegst du ein stückchen leber zu;
5 ein stückchen von der lungen
ist gut für den kleinen jungen,
ein stückchen von der nieren
ist gut für die kleine dirn'.

VII.

Reuter zu pferde,
von Soest nach Werl,
von Werl nach der Lippe,
von der Lippe nach der Ruhr,
5 da sitzt ein junger bauer,
hat 'nen 'stuten' in trauer.
Eiserner bock,
sattel darauf,
eine scheuer voll mäuse,
ein pelz voll läuse.

Anmerkungen:
Diese verse werden gesungen, wenn man ein kind auf den knien reiten lässt. —
Ueber *stüün* in v. 6 vgl. § 78 a. Dieser vers ist wol entstellt.

VIII.

Sippe, saft, sonne,
meine mutter ist 'ne nonne,
mein vater ist ein pfaffe,
kann die pfeifchen machen.
5 Die katze lief den turm herauf,
wollte den turm decken,
kam die (der?) graue hexe (Hesse?)
mit dem langen messer,
schnitt dem kätzchen haar ab,
10 haut ab,
alles was daran sass.
Kätzchen gleit aus,

morgen bist du eine braut;
übermorgen komm wider,
15 dann bist du ein altes tier!

Anmerkungen:

V. 1: *sipə* zu mnd. *sîpen* 'tröpfeln, triefen'? In Osnabrück bedeutet es 'albernes weib'. Das lied, dessen erster teil wol noch aus der reformationszeit stammt (ursprünglich vielleicht ein spottgedicht) besteht deutlich aus 3 verschiedenen teilen ohne erkennbaren zusammenhang. Es wird von den kindern gesungen, wenn sie im frühjahr weidenzweige auf den knien mit dem messer klopfen, um pfeifchen daraus zu machen.

Nachträge und berichtigungen.

S. 6 am schlusse von § 22 liess: „*ę* erscheint nie allein, *ę* ausser in diphthongischer verbindung nur vor *r*." — Ibid. § 23 ff. Im ersten bogen konnte leider das längezeichen nicht über *œ* gesetzt werden. — S. 7, § 25 am schlusse lies: „*ǫ* tritt nur in diphthongischer verbindung (*ǫa*) auf, *ǭ* ausserdem nur vor *r*." — Ib. z. 17 v. u. lies: „§ 29" (statt § 26). — S. 9 tilge unter § 41 die klammern um *ę* und *ǫ*. — S. 10 z. 11 lies „§§ 16—29". — S. 12 f. § 49: Als beweis für das vorhandensein des umlauts im mnd. können auch die mnd. lehnwörter im altdänischen (in der 2. hälfte des 14. und im ganzen 15. jahrhundert aufgenommen) gelten, von denen z. b. Wimmer in dem artikel „Det danske Sprog"[1]), Nordisk Conversationslexicon, 3. udgave, Kjøbenhavn 1885, ausführliche proben gibt. Ich führe daraus an: 1) mit *ø*: *bør, føje, frøken, høvisk, kjøn, øve, papegøje, skjøn, støvle, løve, trøje*; 2) mit *y*: *begynde(lse), formyndere, frygt(e), krybbe, kysk, lykke, rygte, styrte*. — S. 14 § 52a, vorletzte zeile, lies *nicta*. — S. 16 § 58 letzte zeile. Wie mir herr Dr. Lenz aus Handschuchsheim mitteilt, weist das *fēja* der dortigen mundart gleichfalls sicher auf altes *ē* zurück. — Ibid. z. 3 v. u. l.: „später entstandene *ē*", (tl. *e* = and. *e* = got. *a* [i] als das ältere *e*". — S. 17 § 61, z. 7 ergänze hinter „zähmen": d. h. gebrauchen, verwenden. — Ebenda vorletzte zeile füge hinter rabe ein: mnd. *raven*, pl. *revene*. — Ebenda § 62 letzte zeile: *priəkl* steht natürlich mit *prəəkln* (§ 65) und *prykə́.a* (§ 66) im ablautsverhältnis. — S. 18, z. 8 lies *xṷats*. — S. 21, § 72 anm. 1: zu *mōṛən* vgl. § 345 anm. — S. 22 § 77a. Da engl. *dry* und nl. *droog* von manchen forschern noch immer falsch erklärt werden, so wird es nicht überflüssig sein, darüber einiges zu sagen: Soester *drȫxə* und nl. *droog* weisen auf urgerm. *drauxiz, Remscheider[2]) und nl. dial.[3]) *drȳx*, ags. *drȳxe*, ne. *dry* auf urgerm. *drūxiz. Wir haben die dritte stufe des wurzelvocals in nhd. *trocken*. — Ebenda b) „*e*. adv. smooth" soll bedeuten, dass diese form auf ags. adv. *smōðe* beruht. — S. 24 § 86 z. 1 füge am schlusse an: resp. *ęr*. — S. 24 f. § 86 f. ist das *a* hinter *ę* und vor *r* zu streichen (also lies z. b. *sv̥erə* statt *svęarə*). *a* ist hier, wie ich bei wiederholter prüfung fand, nur ein schwacher gleitelaut, der nicht bezeichnet zu werden brauchte, *ę*(*a*) also kein diphthong wie *ęa* sonst. — S. 25 § 87 ergänze: 6) wenn wir *ǟ* oder *œ̄a* haben, wie z. b. in *bä̂tkn* härtchen, in *cœ̄ans* gärten, so sind dies natürlich neubildungen, entstanden durch anlehnung an die grundvokale *a*, *ṷa*. Vgl. dazu § 61 und 70. Sehr zweckmässig kann dieser umlaut als angelehnter im gegensatz zu dem lautgesetzlichen freien bezeichnet werden (Dr. Lenz). — Ebenda § 88: In der überschrift lies: „*o*¹", in der folgenden zeile: „und. *o*¹", in der

---

[1]) Eine von mir angefertigte übersetzung desselben wird im jahrgang 1886 der „Germania" erscheinen.
[2]) Vgl. Paul-Braunes Beitr. X, s. 407, vorletzte zeile.
[3]) Vgl. J. Verdam „Dietsche verscheidenheden", Tijdschr. v. letterk. IV, 201 bis 244, LI.

darauf folgenden füge hinter *ua*: „*ōa* resp. *oi*" ein. — Ebenda § 88, 2 streiche den schlusssatz „Dass hier . . . . bis: . . . eintreten musste". Es gilt auch hier das oben zu § 86 f. bemerkte. — S. 26 § 89 streiche im ersten absatz: „resp. *ŏar*-. . . bis: *ę̄* und *r* —". — Ebenda § 89, 4 streiche das letzte beisp. *fǫχə* (vgl. § 218). — S. 26 f. § 91 streiche *o* zwischen *ŏ* und *r*. — S. 27 z. 6 lies schleudere; z. 10 lies *ǫ* (statt *ǭ*); z. 13 f. streiche das beisp. *dęaskn* etc. — S. 30 z. 15 lies *p ęan*. — S. 31 z. 5 lies *fęrə*. — S. 32 ist der absatz 2) von § 115 vielmehr zu § 116 zu ziehen. — Ebenda § 118 lies And. (statt Mnd.). — S. 34 § 127: *sulχə* 'niedrig' ist wol eine mischbildung aus *sull (= mnd. *sil*, anord. *siðr*) und *siχə (= mnd. *si(d)e*, cas. obliq.). — Ebenda § 129. Auf dem lande vielfach *frūχə* frau (and. *frūa*, dän. *frue*, schwed. *fru*). — Ebenda § 130 z. 1 lies: entwickelte. — S. 35 § 135. ? wird auf den dörfern in nebentoniger silbe verkürzt in *dęəsit* diesseits und *ci̯əsit* jenseits, wo in der stadt durch anlehnung an das grundwort -*sull* steht. — S. 36 z. 4 v. u. lies: *sęęrə*. — S. 38 füge zu § 151b noch *ōēoʟt* einfach (g. ainfalþs), vgl. § 396 anm. 3. — S. 39 z. 10 v. u. füge hinzu: „nach *s* und vor *k* in *kriskind* Christkind". — Ebenda z. 8 v. u. füge hinzu: *ęen* hinten. Das daneben vorkommende *ęetn* ist neubildung nach der präpos. *ęcta* hinter. — Ebenda z. 5 v. u. lies: „(e. bittest), *myskə*". — S. 40 § 164. Intervocalisches *d* ist noch erhalten in *tultuı̯ə* zeitung und *ęoadau* fordern. Ueber die endung -*də* der schw. verba vgl. s. 74 fussnote und § 334. — S. 42 § 172a füge hinzu: vor *v* (aus *f*) schwand *n* in *ōēoʟt* einfach (g. ainfalþs, vgl. § 396 anm. 3). — Ebenda unter b) ist *Sustrŏp* auszuheben und unter eine abteilung c) zu stellen, da hier *n* zwischen *s* und *tr* geschwunden ist. — Ebenda § 179. Auslautendes, resp. nach *d* geschwundenes *a* wechselt mit *r* wie im englischen[1]) wenn eine vocalisch anlautende silbe im satzgefüge darauf folgt, vgl *ję̄ı̯* juhr, aber *jārin, ję̄rit*: juhrein, jahraus, *męə* als, aber *męredū* mehr als du, *xä̆* gar, aber *xäris* gar ist. — S. 44 § 188 z. 5 lies: mhd. bofelhe. — Ebenda § 189 füge zu: *huxt* m. strauch (md. *hufi̯*). — Ebenda § 192 füge hinzu: mnd. *ı̯* ist vor *s* zu *k* geworden in *ęaksta* ekster (mnd. egester, nl. aakster, ekster). — S. 45 § 199. Zu *triuta* vergleiche roman. *treu̯ro* (Schuchardt, Ueber die lautgesetze, Berl. 1885, s. 7). — S. 49 § 214. Schon im mnd. kommt *wot* neben *wat* vor. — S. 50 § 222 c) füge hinzu: *watan* 'wass denn?', schon mnd. *wattan*. — S. 54 z. 5 v. u. lies: 3) tl. o' + *d*. — S. 55 § 228 z. 11 lies: *ə* = (statt *e* =) und z. 17: 4) *e* (statt 4) *ə*). — S. 59 § 248 letzte zeile lies und (statt uad). — S. 62 z. 2 v. o. lies *drīəvəst* —. Ebenda z. 9 v. o. lies *xluti̯ə* gleite. — Ebenda z. 19 v. u. lies *ēi* (statt *ē²*). — Ebenda z. 16 v. u. lies *ȳ̄ə* (statt *ȳ̄*) und z. 15 *ȳ̄'a* (statt *ȳ̄*). — S. 63 z. 3 v. o. lies: nach § 88, 3. — S. 64 z. 18 v. o. lies „an letzterer o" (statt „letzteres o"). — Ebenda § 277 z. 9 v. u. lies *ęa* (statt *ę̄a*). — S. 67 z. 5 lies *ä* (statt *a*). — S. 69 § 303. Statt *liest, licl* sind auf dem lande vielfach *līəst, līət* in gebrauch. Vgl. dazu unten zu s. 79 § 355. — S. 74 z. 11 § 327 lies *huste*,. — S. 76 z. 14 v. u. lies „der 2. und 3. sgl." — S. 78 z. 8 v. u. lies — Prät. (statt — Prä). — S. 78 § 349. In beziehung auf § 53 anm. hätte bemerkt werden sollen, dass das *a* in *talt̯ə* — *talt* und *stalt̯ə* — *stalt* schon in mnd. zeit durch anschluss an formen wie *daxtə* dachte, *braxtə* brachte, *saxtə* sagte u. s. w., denen in gleicher weise wie bei jenen präsentia mit *ē* zur seite standen, vor der verwandlung in *ō* (vgl. *söll* salz) bewahrt blieb. — S. 79 § 355. Statt *sēcst* und *sēct* auf den dörfern oft *i̯əst, si̯ət* mit ausfall des intervocalischen *ʒ*. Vgl. oben zu s. 69. — S. 80 § 360—362. Auf dem lande gehören hierher noch die verba *rŏ̄ēan* rühren, *fŏ̄ēan* fahren (= führen), *snŏ̄ēan* schnüren, und *spŏ̄ēan* spüren, die im ind. prät. und ptcp. noch „mt rückumlaut" gebildet werden: *rēða, rēðət* etc. In der stadt flectiren sie dagegen wie die meisten schwachen als *rŏ̄ēadə, rŏ̄ēat* etc. — S. 82 z. 7 lies falle. — S. 85 z. 8 ergänze nach *hǟzu*-: *hǟzu* — S. 87 § 369 anm. lies *dȳ̄ə* (statt *dȳ̄ə*). — S. 101, V. Ein englisches gegenstück zu diesen versen teilte mir herr stud. phil. H. Jones aus Canada mit. Es lautet:

            Humpty dumpty on the wall,
            Humpty dumpty had a fall,
            All the doctors in the land
            Couldn't make humpty dumpty stand.

---

[1]) Vgl. Sweet, Elementarbuch des gesprochenen engl. s. XXVIII.

Index.

(Es sind hierin nur solche wörter aufgenommen, die mir für die lautlehre oder etymologie der germanischen sprachen von bedeutung zu sein schienen. Kommt ein wort in mehreren sprachen vor, so ist es in der regel nur unter einer angeführt, meistens unter nhd. Blosse zahl bezeichnet den §, ein sternchen dahinter verweist auf die nachträge. Nur in diesen vorkommendes ist durch „N. zu" hervorgehoben).

Altfriesisch.
scred 166.

Althochdeutsch.
inādiri 69.
klāwen 125.
silo 62.
siramil 62.
swein 71.
zangar 51 b.
zeisan 71.
zoha 77a.

Altniederdeutsch.
bug 135.
bisa 62.
en 76 c.
feh 126.
gugal 67a.
hendig 51 b.
hliuning 173.
hlūst 122.
leia 81a.
lettian 51 b.
lokon 71.
muoti 75.
skap 50.
sketh 71.
thim 62.
thō 76 c.
ahta 122.
wan 57.
wurt 156.

Altnordisch.
byrja 91, 2.
hnøggr 133.
kld 125.
knoða 108.
kulde 56a.
laupr 77a.
leyfi 77a.
lipugr 104.
siðr N. zu s. 34 § 127.
slýfa 79a.
teffja 100 b.

Angelsächsisch.
zeazlas 67a.
hnecaw 133.
hydan 348.
leap 77a.
pyt 56a.
reran 94a.
smeðe 77 b.*
snæzel 57.
swelan 58.
swipa 62.
syll 56a.
tel 58.

Dänisch.
bark 177.
butt 55a.
buxer 56a.
efter 51 b.
tran 68.
true 130a.

Englisch.
brake 57.
chicken 79 b.
dry N. zu 77a.
ewe 133.
feed 75.
grabble 145 b.
hay- 100a.
hence 51 c.
icicle s. 108, II anm.
look 71.
meeting 75.
nozzle 66.
pap 51 b.
shrape 50.
sipper 66.
smooth 77 b *
snot 53, L. 54a.
spire 71.
sprout s. 108, I anm.
stake 51.
stride 71.
strip 62.
tip 52a.
wen 60.
yest 182.
yew 133.

Französisch.
fuseau s. 108, II anm.

Gotisch.
ainfalps 396, anm. 3. N. zu 151, 172.

Griechisch.
μέδος 78a. fussn.
ποικίλος 126.
πολέομαι 69, fussn.

Italienisch.
loggia 77a.
ninna s. 109, I anm.

Lateinisch.
ampulla 55a.
cēpula 161 anm.

fûsus s. 108, II anm.
laubia 77a.
manäre s. 106, 3 anm.
sancti 56c.

Litauisch.

máudyti 78a, fussn.

Mittelhochdeutsch.

buchen 65.
dümpfen 56a.
gefache 57.
g!eif 71.
hülzin 56a.
jeuent 60.
k!nz 57.
lerge 69.
mullen 56a.
och 53, L
rüggin 56a.
(ver)-scheffen 51b.
schellen 51b.
seine 115, L
smelche 60.
snuz 53, L 66.
spiz s. 108 z. 4 v. u.
sirîme s. 107 z. L
trum 375.
trumbe 55a.

Mittelniederdeutsch.

adele 57.
ackeren 61.
baten 57.
bete 62.
bleken 62.
böge 66.
bunge 55a.
dimen 73.
don 65.
düppe 56a.
echter 51b.
fake(n) 57.
gapen 57.
glëpe 71.
glum 55a.
graft 51b.
höge 76a.
hüpen 76a.
jö 76c.
kakelen 57.
kekel 55, s. 108, II anm.
klatte 57.
klâwe 67a.
knisenak 73.
köderen 110.
kote 63.
lège 69.
lode 108.
lœpen 77a.

muller 55a.
müten 78a.
nip 73.
nucken 55a.
poten 63.
prekel 62.
puk 55a.
schelle 51b.
schrädelink 67a. 166.
schrâtele 67a. 166.
schâte 78a.
smüde 77b.
snât 67a.
spe, spei 71.
stubbe 56a. 145b.
stüte 78a.
sus 56a.
tæster 69.
tresen 154.
ûtik 56a.
wadeke 60.
weke 58.
wene 60.
wo, wû 78b.

Mittelniederländisch.

deemster 62.
klatten 57.

Neuhochdeutsch.

aber 214.
ach 53, L
ähre 61b.
a/s 213.
Ampen 171. L
arsch 57, 2.
ast 74.
auf 61 fussn. 217.
(nadel)-auge 77a.
bach 60.
bär 85, 2. 93.
barre 85, 2.
beben 106b.
bedrückt 358.
bieswind 62.
blähen 125.
blinken 51c.
bohr 88, 3.
hollen 54a.
börde 91, L
borke 85, 3.
brauen 129.
brauer 130a.
(flachs)-breche 57.
breite 115, L
bringen 51b.
bruch 66.
buche 75.
bücken 55a.
bürste 160, L

busen 138, 157.
büssen 75.
bütte 110.
dach s. 108, IV. anm.
dele 58.
docht 113.
donner 65.
-dorf 163 anm.
drohen 130a.
dröhnen 66.
dünken 358.
durch 91, 2.
dusel 65. s. 108, III anm.
ecker 61. 156.
egge 100a.
eimer 146.
elle 61.
elster 61. N. zu 192.
ente 385a.
enterich 51b.
erdbere 180.
eule 78a.
falte 53, 2.
fegen 58.*
feil 69.
feist 346.
feucht 122.
firlefanz s. 108, II anm.
flug 66.
fluss 66.
frau 82. N. zu 129.
fremd 66.
friede 107a.
friedhof 73.
früh 96 anm.
fuchs 53, L
fuder 75.
füllen n. 66.
fusel 65.
futter 74.
gans 76b.
geben 299.
geil 72.
genau 133.
geruch 66.
gestern 52b.
glimmen 55a.
golden 56a.
gönnen 350.
gosse 63.*
griff m. 62.
guss 66.
gut 240 anm.
hasel 61.
häufen 78a.
hechel 60.
hecke 100a.
hede 72b.
heilig 115, 2.
heiser 71.
Hellweg 407, 3.
hier 73.

hin 51 c.
hirn 87, L.
hobel 102 b.
hoch 78a. 190.
hocken 55a.
hocke(n) 78a.
holen 57.
hölle 51 b.
hölzern 56a.
huft (dial.) N. zu 159.
hüfte 65.
ich 62.
iltis 56a.
imbiss 146.
ja 205.
jagen iterat. 183.
jäten 107a. 182.
jenseits 182. N. zu 135.
joch 65.
käfer 57.
kauen 132. 133.
kaum 78a. 79a.
kette 104.
kittel 100a. 104 anm.
klaue 67a.
klee 67a. 71.
klimme 51c.
knäuel 130 b. 174.
knebel 100 b.
knoblauch 173.
knüpfen 56a.
kot 66.
kotte 63.
krebs 100 b.
kregel 100a.
kreischen 72a.
krieche f. 72 b.
krieg 73.
krimpfen 51 c.
kringel 51 c.
krippe 58 a.
kröse 77a.
kruke 78a.
krümchen 66.
krüppel 66.
küchlein 79 b.
kühl 71.
kümmel 171, 2.
kumpf 55a.
kupfer 63.
küster 54a.
laube 77a.
leben 58.
leber 58.
leck 375.
ledig 104.
liesch 72 c.
loos (adj.) 120 anm.
löschen 51 b.
man 172 anm.
manch 115, 1 fussn.
masche 67a.

mauer 79a.
messe 52a.
messer 160, 3.
milch 58.
Mühne 75. a. 106, 3. anm.
mustern 173.
nackt 57. 173.
nadel 168.
nebel 100 b.
nein 12.
neu 127.
niedlich 79 b.
noch 216.
nonne 55a.
nüchtern 119.
offen 63.
öl 63.
orgel 89, 3.
pappel 121.
pfausten 78a.
pflaster 68.
pfote 56a.
pfütze 56a.
pochen 65.
pökel 62.
predigen 107a.
prickeln 62. 65. 66.°
quecken 62.
quitt 73.
rabe 61.*
rasten 51 b.
raufe 77a.
(dach)-rinne 51 c.
rist 117.
rocken s. 105, 1 anm.
roggenbrei 56a.
rohr 98, L.
röhre 98, L.
räde m. 110.
rübe 30.
säge 38. 57.
sau 101. 102a.
Sauerland 78a.
säufer 66.
säule 130 b.
schale 51 b. 57. 67a.
schälen 51 b.
scharte 85, L.
scherbe 86, 3.
scheuen 129.
schier 73.
schiessen 78a.
schirling 87, L. 173.
schiss 62.
schlauch s. 107, 1 anm.
schleppen 62.
schlingel 56a.
schluck(en) 78a. s. 107, L. anm.
schlüpfen 55a.
schmiede 104.
schmutzig 164, 3.

schnarchen 58, 3.
schnecke 57.
schneiteln 166.
schnitt 62. 106b.
schochen (dial.) 63.
schöpfen 51 b.
schuss 64. s. 105, 2 anm.
schössling 64.
schrit. 62.
schur 58, 3.
schürze 91, 3.
schuss 66.
schwarte 166.
schwelle f. 56a.
schwester 56 b.
sehen 301.
seltsam 170.
sense 168, 3. 193.
Soest 74.
solch 66.
sonnen 56a.
sonst 56a.
spa'ten 53, 2.
spiess s. 106, 1 anm.
spor 90, L.
spreche 67a.
spross s. 108, 1 anm.
spuk 76a.
spur 58, 3.
spülzen 66.
staub 375 anm. 2.
stauen 130 a.
steiss 78a.
stimme 51 a.
stochern 63. 66.
stöhnen 66.
stören 98, L.
stottern 63.
streifen v. 62.
strosse 63.
stube 63.
suchen 75.
suff 66.
suppe 53, L.
tanne 170.
tau m. 132.
tauen 133.
taufe 77a.
teil 71.
theater 199.°
toll 55a.
tonne 55a.
topf 53, L. 54a. 56a.
torte 85, 2.
tragen 311.
tran 68.
traube 122.
trauen 129.
treppe 50.
trichter 51 b.
tritt 62. 106 b.
trocken 77a.°

trommel 55a.
über 64.
um 56a.
verächtlich 51 b.
verlaub 77a.
vielleicht 375 anm. 3.
vogel 407, 2. s. 106, 3 anm.
was 214.*
weiss (albus) 96 anm. 117.
wenig 115, 1.
werwolf 85, 2.
wiege f. 72 b.
will 51 b.
winke 51 c.
wir 221, 3.
wirt 86, 2.
woche 58.
wohnen 63.
wol 63.
wollen (adj.) 56a.
wundern 56a.
zäh 67a.
zählen 51 b.
zieche 72 b.
zipfel 52 a.
zitze 52a.
zu 210. 389. anm. 405, 1.
zug 66.
zwanzig 115, 2.
zwiebel 161 anm.
zwillinge 154.
zwölf 64.

Neuniederdeutsch.

blazə 145a.
bluətə 65.
diñzə s. 108, III. anm.
dölən 51 a.
doatkə 90 anm.
hā s. 109, III. anm.
hitə 52a.
höt s. 109, III. anm.
hī s. 109, III. anm.
huxt N. zu 189.
kyakl s. 108, II. anm.

kluntən s. 110, II. anm.
knutstə 73.
kuŋln 55a.
luxt 189 anm.
n' s. 106, 3 anm.
nubln 55a.
pədl 76a.
plęə 105, 2.
pryt 56a.
sciūl 78a. 79a.
sipə s. 112 z. 5.
snêfta s. 109, VI anm.
stuəpm 65.
stuəkən 65.
sxąakn 63.
tinə, tint s. 107 z. 4 f.
tötle 77a.
trauə 67a.
triəzl 62.

Neuniederländisch.

bek 183.
beuren 91, 2.
borstel 160, 1.
droog 77a.*
droogte 121.
ekster N. zu 192.
fuik s. 107, I anm.
gagel 67a.
gluren 68, 3.
gust 56a.
huiken 75a.
juichen 181.
klaver 67a.
klits 52a.
klont s. 110, II anm.
kluit 75a.
kneuteren 66.
knibbelen 145 b.
knijzer 71.
kwuist 78a. 79a.
kraam s. 106, 3. anm.
kroes 74.
krosst 77a.
kuil 75a.

lonk 56a.
luisteren 122.
lullen 56a.
mul s. 107, 1 anm.
neus 66.
niezmen 75.
oest 74.
onnoozel 66.
onnrijs 73.
oni 133.
plok 53, 1.
reppen 51 b.
schrapen 50.
schroeijen 128.
schuilhoek 78a. 141.
slepen 62.
sleuren 91, 2.*
snippelen s. 109, VI. anm.
snorken 88, 3.
snot 53, 1. 51a.
spartelen 203, 2.
spier 73.
spook 76a.
spruit s. 108, I anm.
stof 375 anm. 2.
stuit 75a.
stuwen 130a.
teef 100a.
teezen 71.
tonnen 77a.
toonbank 77a.
vocht 123a.
wen 60.
wieme s. 106, z. 2 v. u.
zachtjes s. 109, 11 anm.

Schwedisch.

dubba 55a.
hyfvel 102 b.
pāk 67a.
reiste (dial.) 112.
spōke 76a.
sticka 52a.
truga 130a.

Nachtrag.

1. *luxt* links, das unter § 189 mit einem fragezeichen versehen ist, weist sicher auf ein and. *luft zurück. Es gehört mit mnl. *lucht*, *luchter*, nordfries. *leeft*, zu ne. *left*, welches die kentische form von me. *lift*, *luft*, ags. *lyft* (in *lyft-ādl* 'palsy') ist. Die grundbedeutung: 'inanis' erscheint als übersetzung von *left* in einem ae. glossar; siehe Skeat, A Concise Etymological Dictionary of the Engl. Lang.², s. 242 b.

2. Unter denselben § gehört auch noch *lōctə*. So werden die nüsse genannt, wenn sie sich leicht aus den schalen oder hülsen lösen lassen. Dies wort gehört sicher zu ahd. *loufī* 'cortex libri, suber, avella', nhd. fränk. *lauf* 'schale, hülse' (z. b. in *nusslauf*), *läufeln* 'enthülsen', wetterauisch *laufe*, *läufel* 'bes. grüne schale von baumfrüchten, nüssen', thüring. *läufern* (bes. von erbsen); siehe Schade, altd. wbch², s. 572ᵃ u. Kluge etym. wbch unter *laub*. — *lōctə* aus mnd. *lōchte, and. *lö²fti (aus *laufti) wäre auch wegen der vokalverkürzung unter § 121 zu erwähnen gewesen.

3. Zu den in § 166 aufgezählten beispielen des überganges von *d* u *t* vor *l* gehört noch *uīl* eitel (mnd. *ıdel*, nl. *ijdel*).